QUÍMICA
uma revisão inteligente!

José Ricardo L. Almeida
Nelson Bergmann
Franco A. L. Ramunno

editora HARBRA

Direção Geral:	Julio E. Emöd
Supervisão Editorial:	Maria Pia Castiglia
Edição de Texto:	Estevam Vieira Lédo Jr.
Editoração Eletrônica:	Neusa Sayuri Shinya
Ilustrações e Capa:	Mônica Roberta Suguiyama
Fotografias de Capa:	Shutterstock
Impressão e Acabamento:	Gráfica Forma Certa

CIP-BRASIL CATALOGAÇÃO NA PUBLICAÇÃO
SINDICATO NACIONAL DOS EDITORES DE LIVROS, RJ

A448q

Almeida, José Ricardo L. de
Química: uma revisão inteligente! / José Ricardo L. de Almeida, Nelson Bergmann, Franco A. L. Ramunno. - 1. ed. - São Paulo : HARBRA, 2019
64p. : il.; 27 cm.

ISBN 978-85-294-0524-7

1. Química. (Ensino médio) - I. Bergmann, Nelson. II. Ramunno, Franco A. L. III. Título.

18-54422

CDD: 540.712
CDU: 373.5.016:54

Química: uma revisão inteligente!

Rua Joaquim Távora, 629
04015-001 São Paulo – SP
Tel.: (0.xx.11) 5084-2482 Fax: (0.xx.11) 5575-6876
www.harbra.com.br

ISBN 978-85-294-0524-7

Impresso no Brasil *Printed in Brazil*

Apresentação

A Educação é o grande motor do desenvolvimento pessoal.
É através dela que a filha de um camponês se torna médica,
que o filho de um mineiro pode chegar a chefe de mina,
que um filho de trabalhadores rurais pode chegar
a presidente de uma grande nação.

Nelson Mandela
Estadista sul-africano, prêmio Nobel da Paz (1993)

Não há como negar o poder transformador da Educação, expresso nas palavras do ex-presidente da África do Sul Nelson Mandela. Essa transformação ocorre em diversos estágios, entre eles a etapa do Ensino Médio, que se caracteriza pelo aprofundamento das discussões realizadas no Ensino Fundamental e pelo desenvolvimento de maior autonomia por parte dos jovens. Na área da ciência Química, são relevantes os estudos da matéria e como sua constituição pode explicar as reações químicas e as propriedades dos materiais.

A etapa do Ensino Médio também representa o encerramento do ciclo formal da Educação Básica e a preparação para o ingresso no Ensino Superior, onde e quando os jovens terão acesso a conhecimentos e habilidades específicas da profissão que pretendem seguir.

Hoje, a porta de entrada para o Ensino Superior é realizada por meio de provas de conhecimentos específicos e técnicos, como o ENEM e os demais vestibulares (FUVEST, UNICAMP, UNESP, entre outros). Nesse momento, devemos ter consciência da amplitude e da abrangência dos diversos conteúdos cobrados nas questões relacionadas à ciência Química, porém não podemos nos paralisar.

Uma das etapas mais importantes para que o sucesso seja alcançado nesses processos seletivos consiste em organizar os conceitos desenvolvidos ao longo do Ensino Médio, de forma a facilitar nossos estudos e a identificar as temáticas que precisam ser revistas. Esse é o principal objetivo de **Química – uma revisão inteligente**!

Nessa **revisão**, os conteúdos de Química foram organizados em três seções no formato de **fichas-resumo**: Química Geral, Físico-Química e Química Orgânica. Ao final de cada seção, foram inseridos exercícios dos principais vestibulares (FUVEST, UNICAMP e UNESP). Para cada exercício estão indicadas as fichas-resumo que apresentam os fundamentos necessários para resolvê-lo. Dessa forma, facilitamos a tarefa de identificar qual conteúdo deve ser revisto pelo aluno na reta final de sua preparação para o vestibular.

Desde já, deixamos nosso agradecimento especial aos alunos por nos acompanharem nessa etapa de revisão dos conceitos desenvolvidos pela Química no Ensino Médio e desejamos boa sorte a todos!

Um abraço,

Os autores.

Conteúdo

Química Geral 7

Físico-Química 28

Química Orgânica 49

Química Geral

TÓPICO 1 – O PRIMEIRO CONTATO COM A CIÊNCIA QUÍMICA

Materiais são corpos ou objetos com os quais estamos em contato permanente. Tudo que tenha existência física ou real é material ou matéria e apresenta duas grandezas físicas: massa e volume.

Uma definição bem simples diz que **massa** indica a quantidade de material de um corpo ou objeto. A massa pode ser medida em aparelhos chamados de balança. A unidade de massa é o quilograma (kg).

$$1\ t \underset{\div 1.000}{\overset{\times 1.000}{\rightleftarrows}} 1\ kg \underset{\div 1.000}{\overset{\times 1.000}{\rightleftarrows}} 1\ g \underset{\div 1.000}{\overset{\times 1.000}{\rightleftarrows}} 1\ mg$$

Volume é o espaço ocupado pelo corpo ou objeto. O volume de um corpo ou objeto é uma grandeza expressa por um número e por uma unidade. A unidade de volume é o metro cúbico (m^3).

$$1\ m^3 \underset{\div 1.000}{\overset{\times 1.000}{\rightleftarrows}} 1\ L \text{ ou } 1\ dm^3 \underset{\div 1.000}{\overset{\times 1.000}{\rightleftarrows}} 1\ mL \text{ ou } 1\ cm^3$$

SUBSTÂNCIA – MISTURA

Os materiais são constituídos de **substâncias químicas** ou **substâncias puras**, também chamadas simplesmente de **substâncias**. Materiais formados por duas ou mais substâncias são chamados de **misturas**.

ANA OLÍVIA JUSTO/acervo da editora

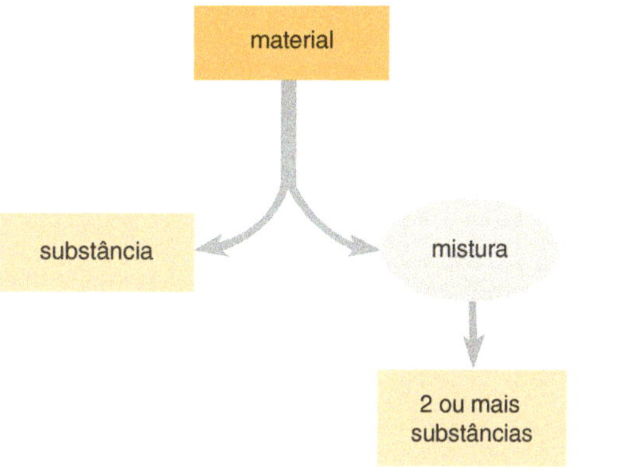

TÓPICO 2 – AS PROPRIEDADES FÍSICAS DAS SUBSTÂNCIAS

As propriedades físicas das substâncias são grandezas que podem ser observadas ou medidas sem que a substância seja alterada. Além de massa e volume, destacam-se:

- **densidade** (d = m/V),
- estado físico (**sólido, líquido** e **gasoso**),
- **temperatura de fusão** e **de ebulição**,
- **coeficiente de solubilidade** e
- **propriedades organolépticas** (cor, sabor, odor e textura).

TÓPICO 3 – AS TRANSFORMAÇÕES DAS SUBSTÂNCIAS

Transformação é toda alteração ou mudança que ocorre em um sistema (objeto de estudo), isto é, o estado final fica diferente do estado inicial. As transformações são classificadas em: **físicas** ou **químicas**.

TRANSFORMAÇÃO FÍSICA	TRANSFORMAÇÃO QUÍMICA
Não ocorre formação de novas substâncias → → propriedades físicas não se alteram.	Ocorre formação de novas substâncias → → propriedades físicas se alteram.
Exemplos: ➨ mudança de estado físico ➨ dissolução de sal de cozinha em água ➨ corte de uma folha de papel	*Exemplos:* ➨ reações químicas (combustão) **Evidências:** ➨ formação de substância sólida ➨ liberação de gás ➨ mudança de temperatura ➨ mudança de cor ➨ mudança de odor

Ao fornecer ou retirar calor de uma amostra de um material à pressão constante, irá ocorrer a mudança de estado físico. Cada mudança de estado recebe um nome particular.

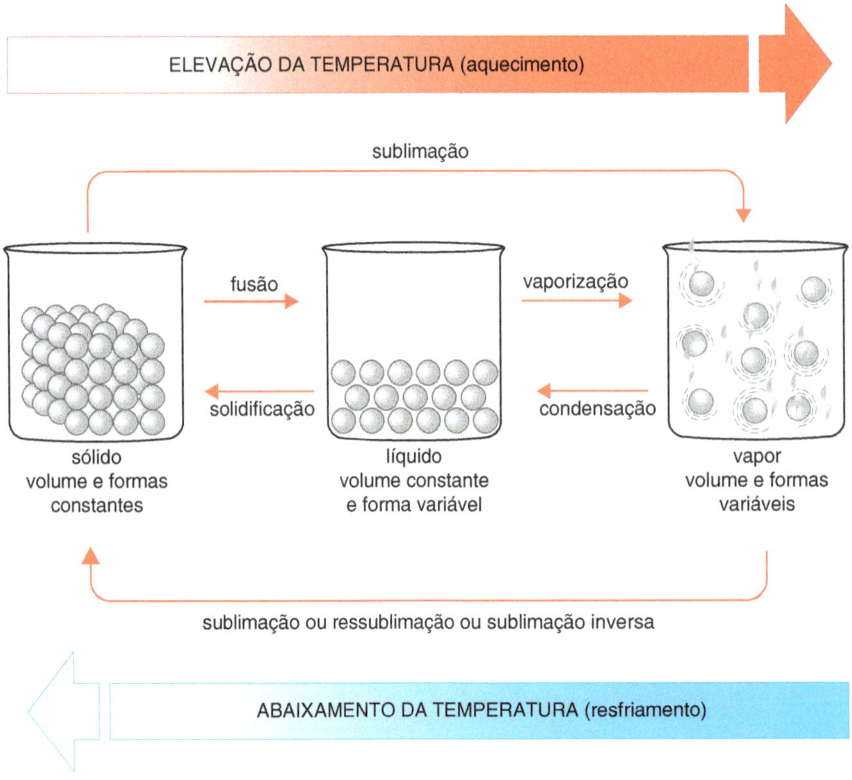

TÓPICO 4 – Evolução dos modelos atômicos

Modelo é uma teoria que usa algo conhecido para explicar algo desconhecido. Um exemplo é o modelo de Dalton, que compara o átomo com uma bolinha. Faz-se uso de algo que se conhece (bolinha) para entender aquilo que não se enxerga (átomo).

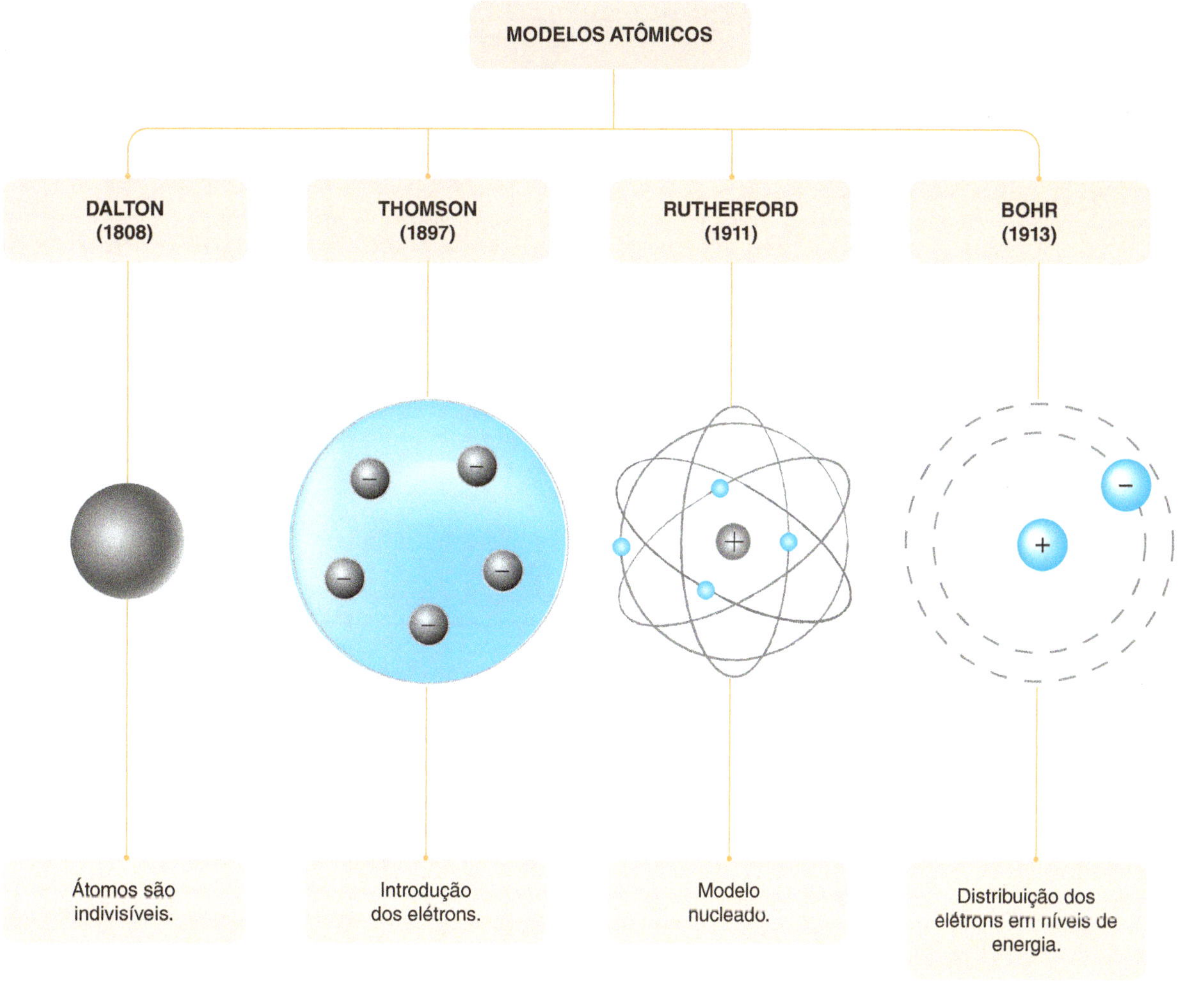

Camadas eletrônicas ou níveis de energia

Mediante estudos da espectroscopia, o cientista pode determinar quantas camadas eletrônicas existem nos átomos. Nos átomos dos elementos químicos conhecidos, podem ocorrer sete **camadas eletrônicas** (contendo elétrons) representadas, respectivamente, a partir do núcleo, pelas letras K, L, M, N, O, P e Q ou pelos números 1, 2, 3, 4, 5, 6 e 7.

Distribuição eletrônica nas camadas

Os cientistas, para apresentar uma regra de distribuição, basearam-se no fato de que, experimentalmente, em um átomo o **máximo de elétrons na camada de valência (mais externa) é 8.**

TÓPICO 5 – Distribuição eletrônica e tabela periódica

Os químicos descobriram que, ao serem listados na ordem crescente do número atômico (número de prótons no núcleo de um átomo) e arranjados em linhas contendo certo número deles, os elementos formam **grupos** cujas propriedades têm tendências regulares. O arranjo dos elementos que mostra as relações entre grupos é chamado de **Tabela Periódica**.

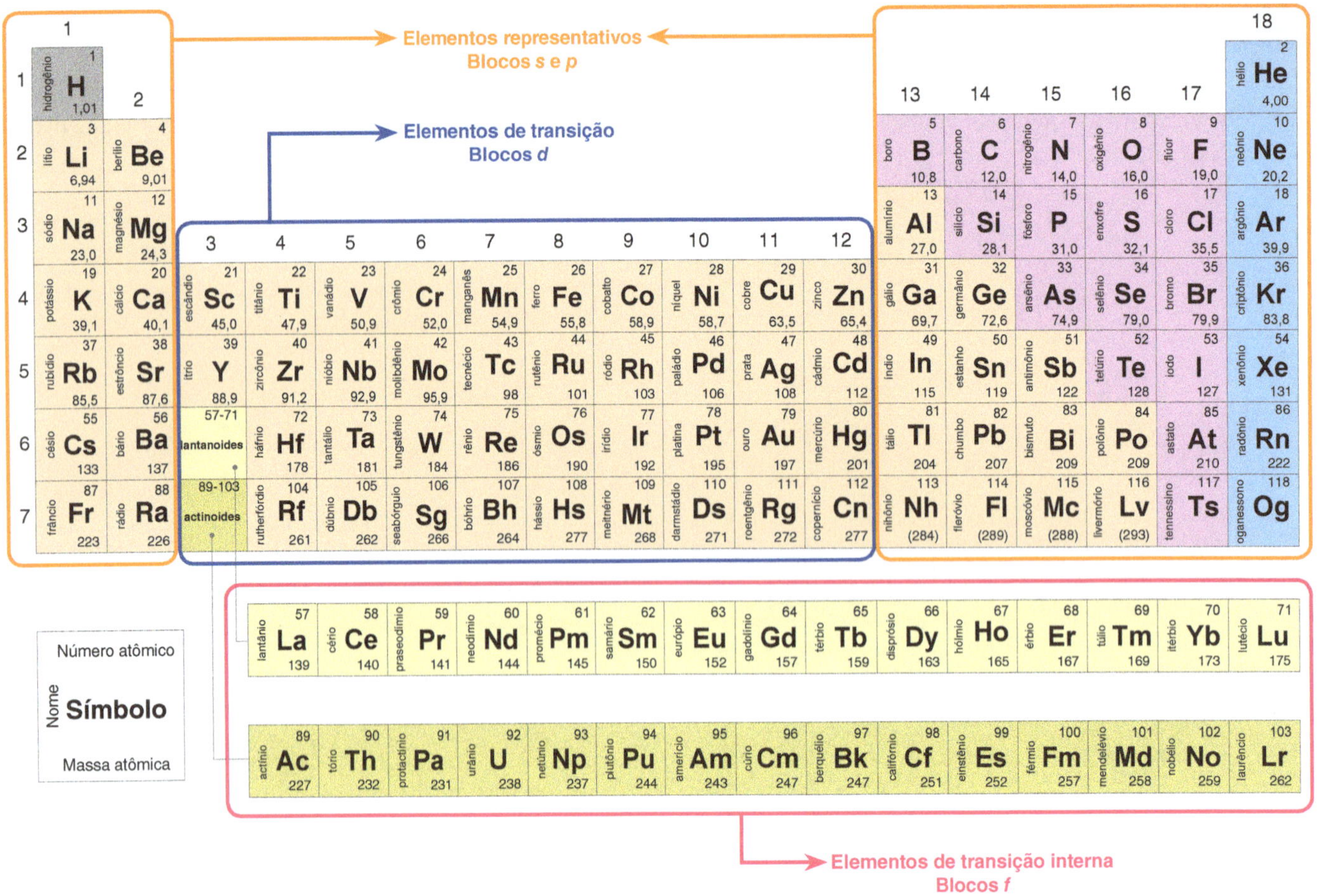

Elementos representativos
Blocos s e p
Elementos de transição
Blocos d
Elementos de transição interna
Blocos f
Número atômico
Nome
Símbolo
Massa atômica
lantanoides
actinoides

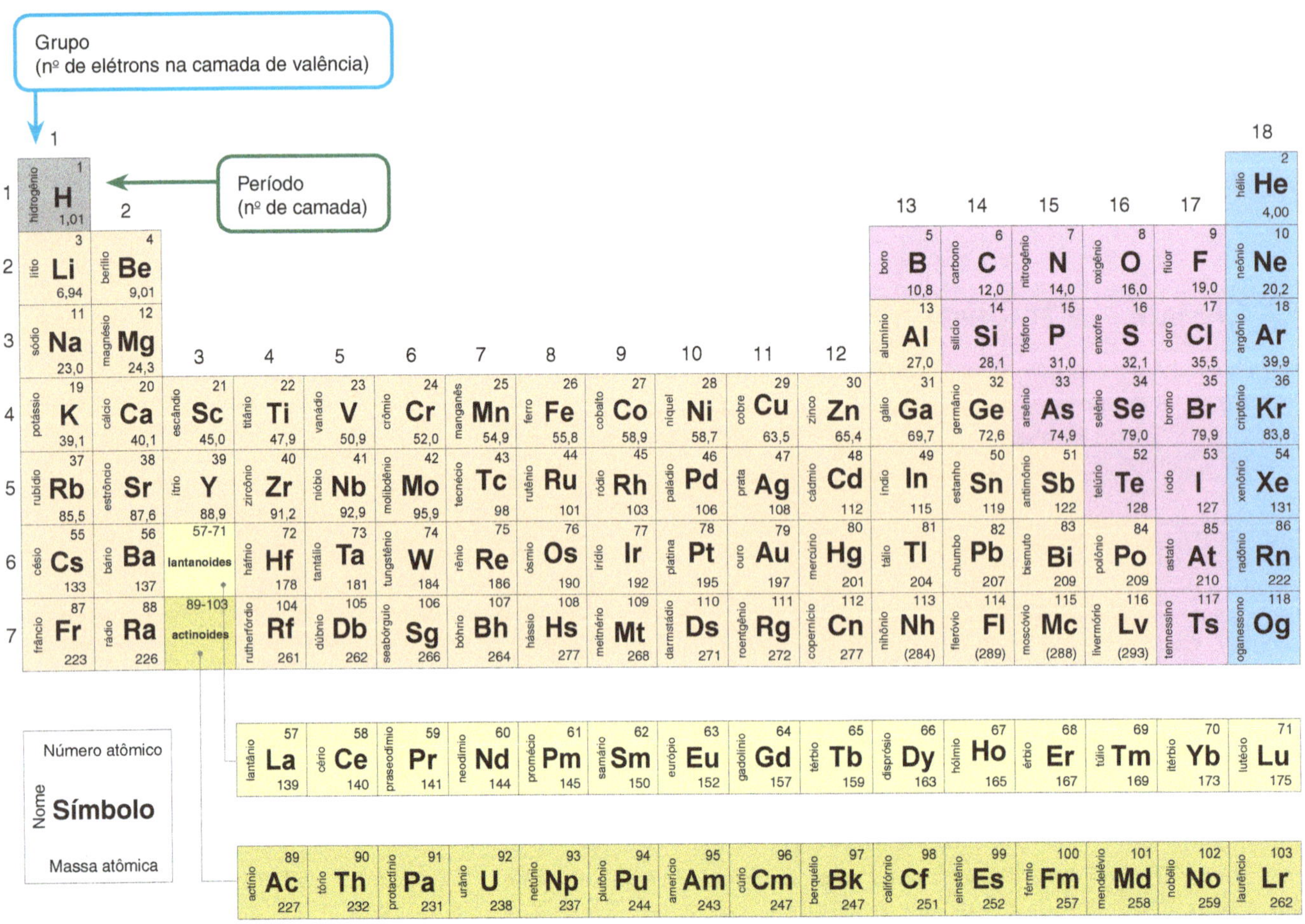

Grupo
(nº de elétrons na camada de valência)
Período
(nº de camada)
Número atômico
Nome
Símbolo
Massa atômica
lantanoides
actinoides

Propriedades periódicas dos elementos

Propriedades periódicas são aquelas cujos valores **crescem** ou **decrescem** sucessivamente, conforme aumenta o número atômico dos elementos da tabela periódica.

Os elementos de transição não exibem essa variação de forma constante. Portanto, as propriedades periódicas são mais estudadas para os *elementos representativos*.

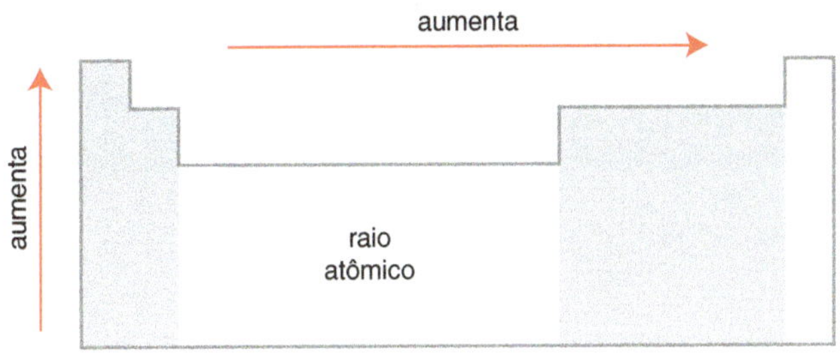

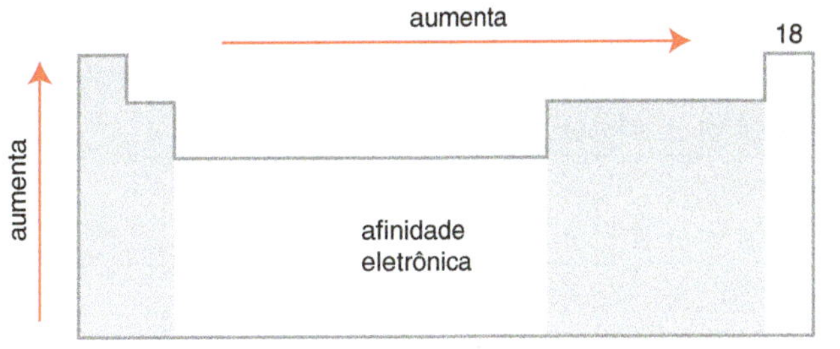

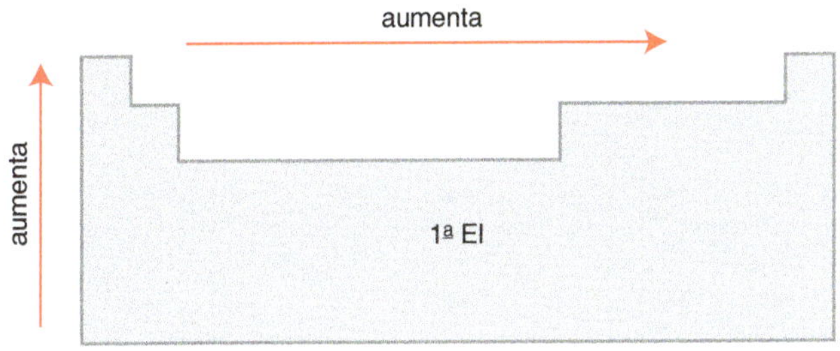

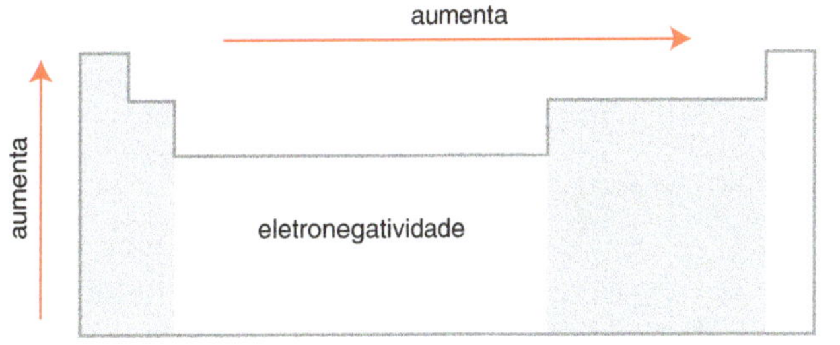

F > O > Cl > N > Br > I > S > C > P > H

→ eletronegatividade decrescente

TÓPICO 6 – Ligações químicas

Teoria do octeto: após a ligação química, os átomos participantes ficam com oito elétrons na camada de valência ou, se apresentar apenas a camada K, dois elétrons.

LIGAÇÃO METÁLICA	LIGAÇÃO IÔNICA	LIGAÇÃO MOLECULAR
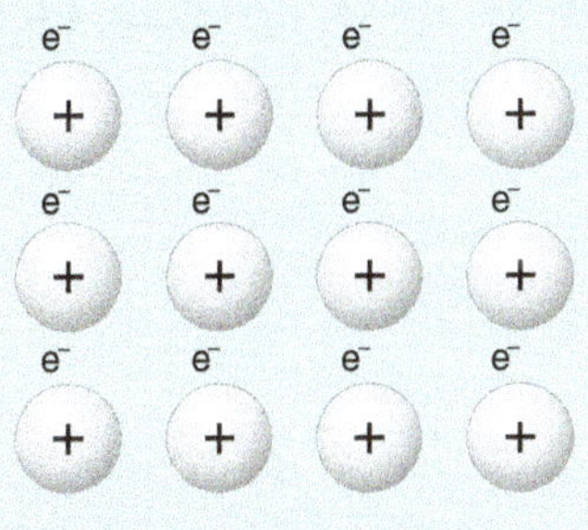	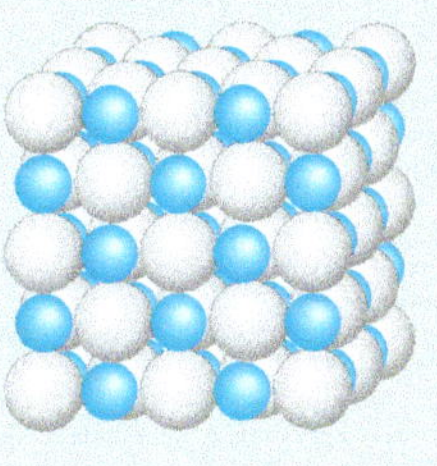	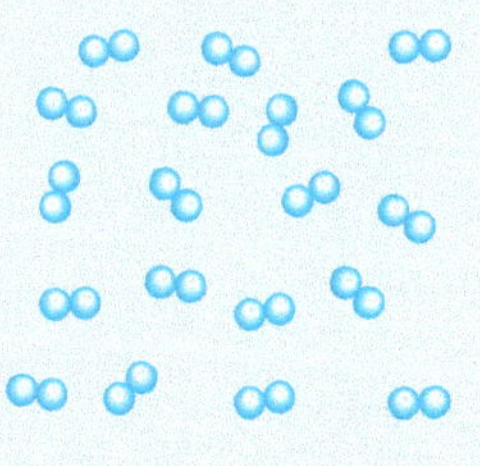
➡ Formada por cátions e elétrons livres (modelo do mar de elétrons). ➡ Metais conduzem corrente elétrica nos estados sólido e líquido.	➡ Formada pela atração eletrostática de íons de cargas opostas (cátions e ânions). ➡ Compostos iônicos conduzem corrente elétrica no estado líquido ou quando dissolvidos.	➡ Formada pelo compartilhamento de elétrons. ➡ Substâncias moleculares não conduzem corrente elétrica nos estados líquido ou sólido.

TÓPICO 7 – Geometria molecular e polaridade

A forma das moléculas determina seus odores, seus sabores e sua ação como fármacos. Ela governa as reações que ocorrem em nosso organismo e contribui para nos manter vivos, assim como afeta as propriedades dos materiais que nos rodeiam, incluindo seus estados físicos e suas solubilidades.

A forma de uma molécula (geometria) é dada pelo **arranjo dos núcleos dos átomos**, que é determinada por meio de técnicas avançadas.

FÓRMULA ELETRÔNICA	DISTRIBUIÇÃO DOS "PARES" DE ELÉTRONS	DETERMINAÇÃO DA GEOMETRIA MOLECULAR	MODELO MOLECULAR
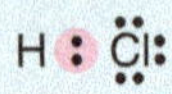	toda molécula biatômica é linear	H – Cl linear	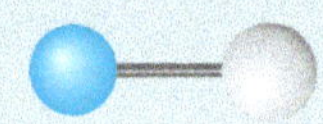
 2 "pares"	O = C = O segmento de reta	O = C = O linear	
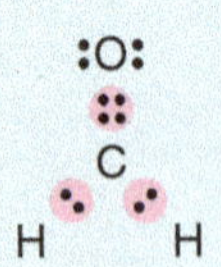 3 "pares"	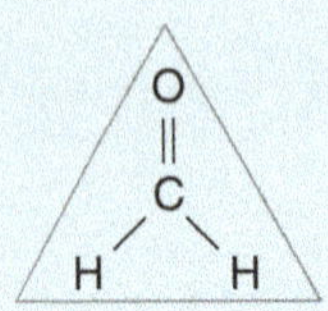 triângulo equilátero	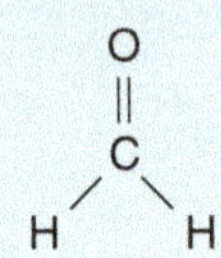 trigonal plana	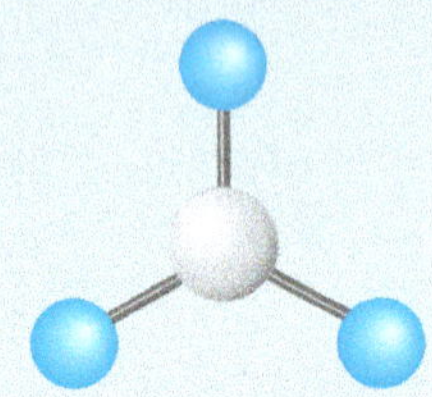
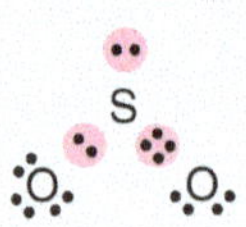 3 "pares"	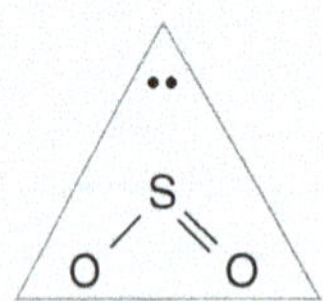 triângulo equilátero	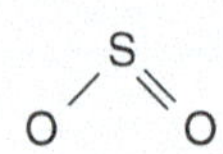 angular	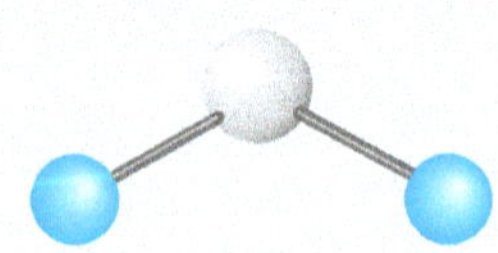
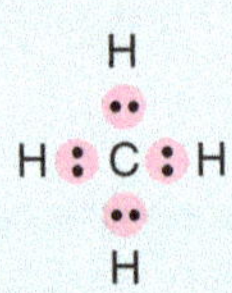 4 "pares"	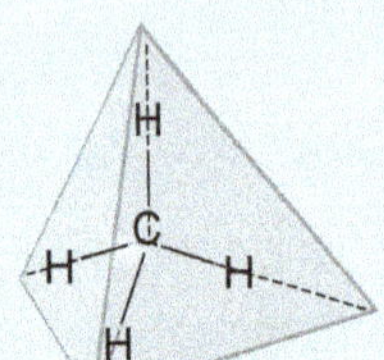 tetraedro	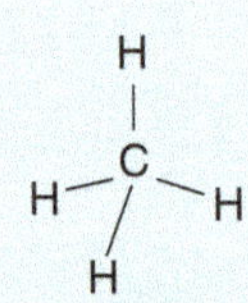 tetraédrica	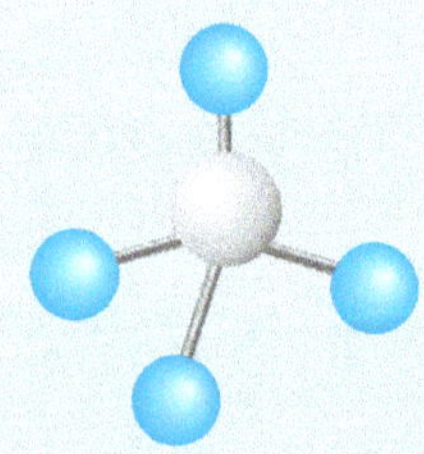
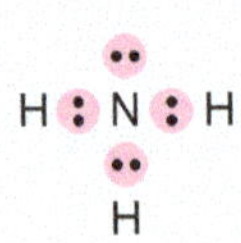 4 "pares"	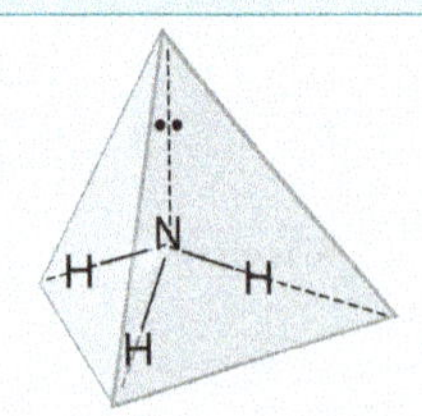 tetraedro	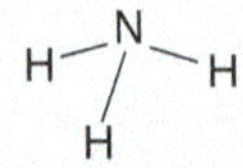 piramidal	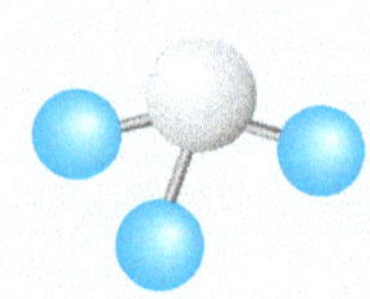
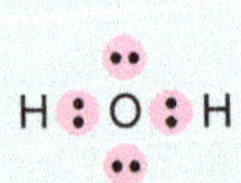 4 "pares"	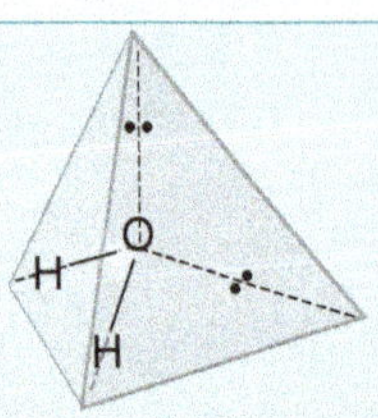 tetraedro	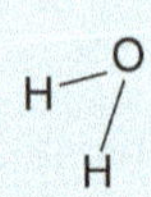 angular	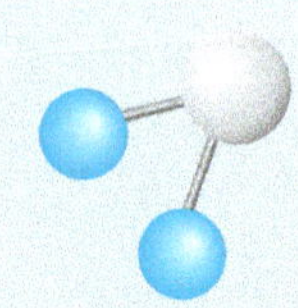

Polaridade de moléculas

- **Moléculas polares:** ligantes diferentes ao redor do átomo central ou par de elétrons isolados no átomo central. *Exemplo:*

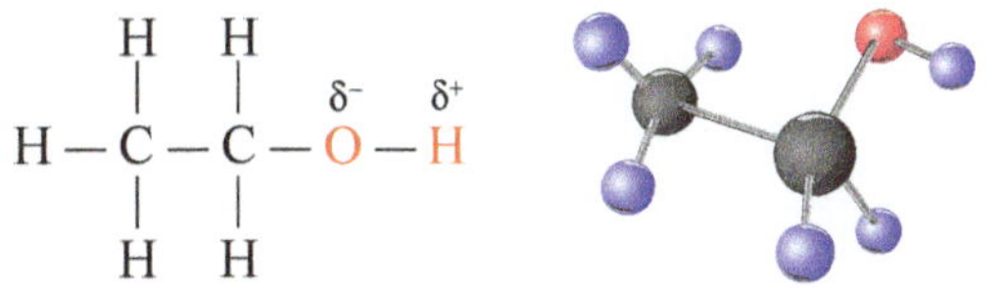

etanol (álcool comum – CH_2CH_2OH)

- **Moléculas apolares:** ligantes iguais ao redor do átomo central e sem par de elétrons livres.

$H_3C - CH_3$

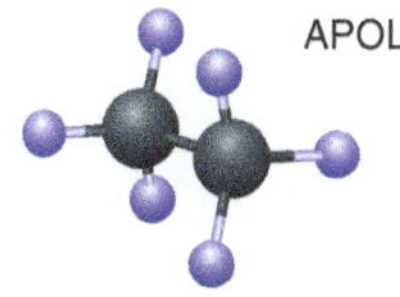

etano

TÓPICO 8 – Forças ou ligações intermoleculares

No **cristal metálico**, o aglomerado de átomos é mantido unido pela **ligação metálica**. No **cristal iônico**, o aglomerado de íons é mantido unido pela **ligação iônica**. No **cristal molecular**, o aglomerado de moléculas é mantido unido pela **ligação ou força intermolecular**.

Tipos de forças intermoleculares.

Forças de London ou **dipolo instantâneo-dipolo induzido** 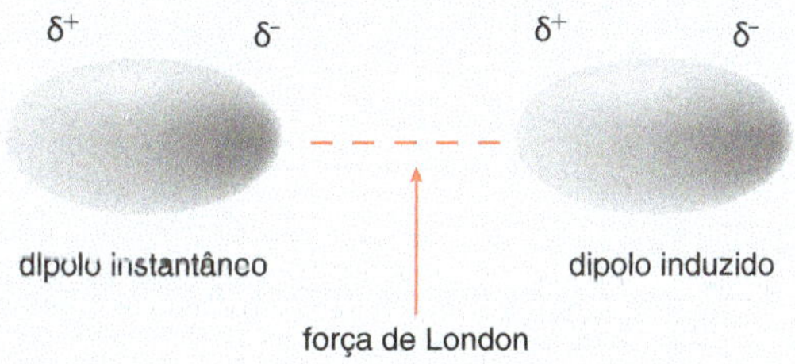	Ocorrem entre moléculas apolares. *Exemplos:* I_2, CO_2, CCl_4, hidrocarbonetos.
Forças dipolo-dipolo ou **dipolo permanente-dipolo permanente** 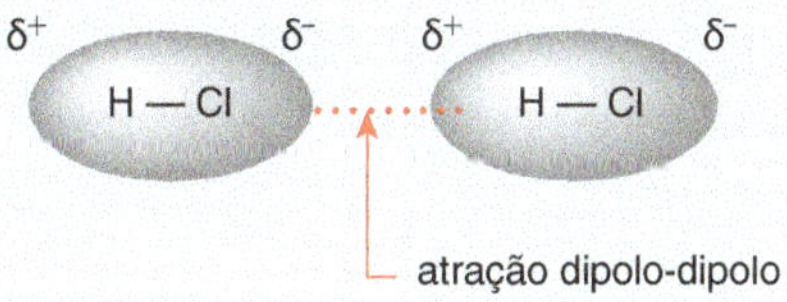	Ocorrem em certas moléculas polares. *Exemplos:* HCl, HCN.
Ligações de hidrogênio 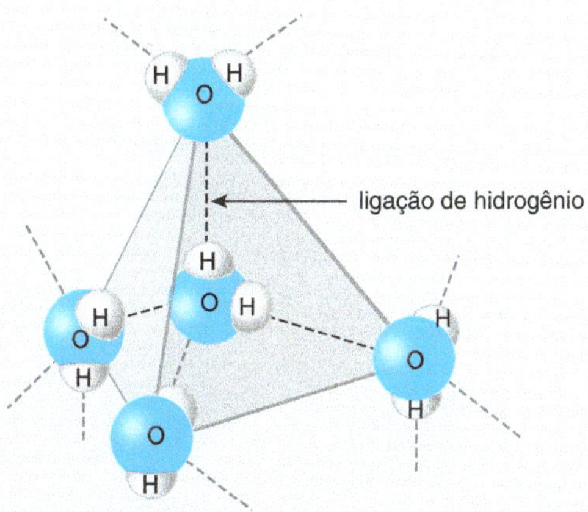 Estrutura tetraédrica.	Ocorrem entre moléculas que apresentam polaridade elevada, porque apresentam átomo de hidrogênio ligado a um átomo pequeno e fortemente eletronegativo (F, O, N). *Exemplos:* H_2O, NH_3 e HF.

Intensidade das forças intermoleculares para moléculas com tamanhos próximos:

London < dipolo-dipolo < ponte de hidrogênio

Observação: Para substâncias com o mesmo tipo de força intermolecular, quanto maior o número de elétrons na molécula (ou o tamanho), maior o ponto de ebulição.

Em resumo:

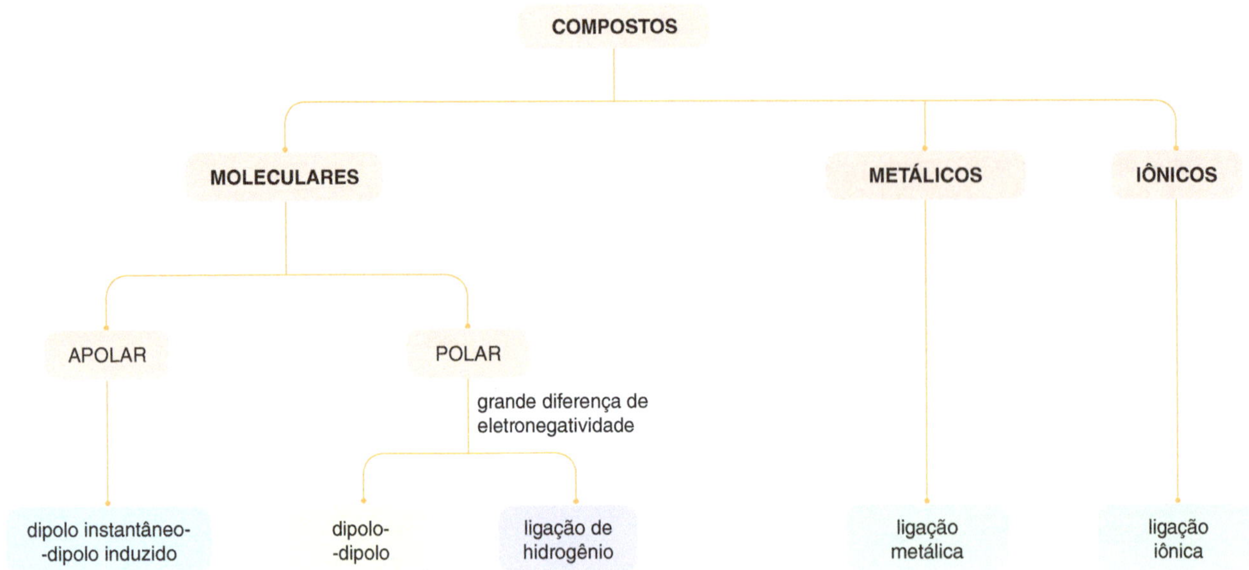

Curva de aquecimento de uma substância

Verifica-se experimentalmente que durante a fusão e a ebulição de uma substância a temperatura permanece constante, isto é, ponto de fusão (PF) constante e ponto de ebulição (PE) constante.

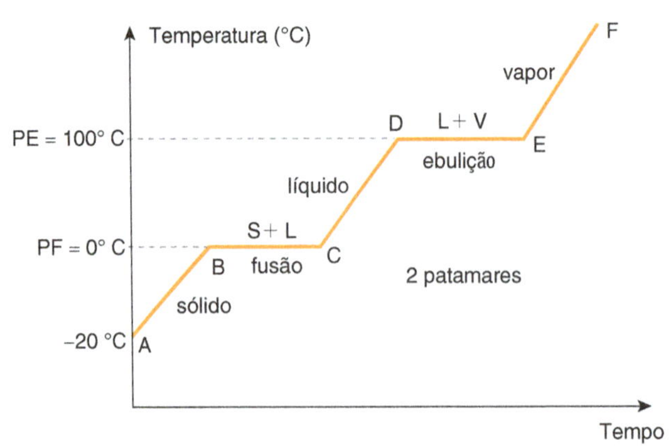

Curva de aquecimento da água ao nível do mar.

- **Substâncias puras:** PF e PE constantes (patamares).
- **Misturas heterogêneas:** PF e PE variáveis.
- **Mistura eutética:** PF constante e PE variável (*exemplo:* solda 37% Pb – 63% Sn).
- **Mistura azeotrópica:** PF variável e PE constante (*exemplo:* 96% álcool – 4% água)

TÓPICO 9 – SEPARAÇÃO DOS COMPONENTES DE UMA MISTURA

Na natureza e nas reações químicas predominam a mistura. O método para separar as substâncias vai depender se a mistura é **homogênea** (uma única fase) ou **heterogênea** (duas ou mais fases).

- **Regra de solubilidade:** “Semelhante dissolve semelhante.”
- **Para separar misturas heterogêneas:**
  - *filtração* (misturas sólido-líquido ou sólido-gás);
  - *decantação* (misturas sólido-líquido ou líquido-líquido);
  - *dissolução fracionada* (misturas sólidas, em que apenas uma substância é solúvel em determinado líquido).

IHOR MATSIIEVSKYI/SHUTTERSTOCK

A *decantação* pode ser usada para separar uma mistura heterogênea sólido mais líquido. Deixa-se a mistura em repouso até que o componente sólido se tenha depositado completamente. Remove-se, em seguida, o líquido, entornando-se cuidadosamente o frasco ou com o auxílio de um sifão.

- **Para separar misturas homogêneas:**
  - *evaporação do solvente* (para sólido dissolvido em solvente);
  - *extração com solvente*;
  - *destilação simples* (para sólido dissolvido em líquido);
  - *destilação fracionada* (para líquido-líquido).

TÓPICO 10 – ALOTROPIA

Fenômeno em que um mesmo elemento pode formar duas ou mais substâncias simples diferentes. *Exemplos:* carbono pode formar grafite, diamante, fulereno, nanotubos, grafeno; oxigênio (gás oxigênio e gás ozônio); fósforo (branco e vermelho).

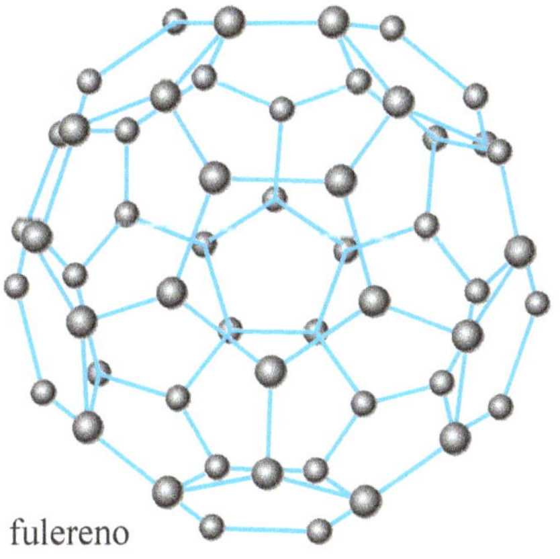

fulereno

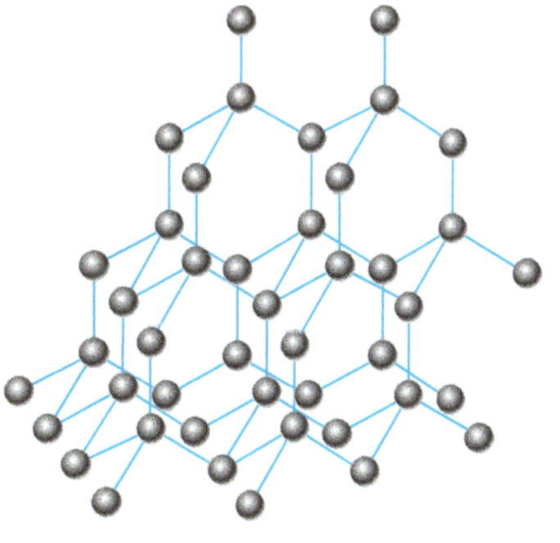

diamante

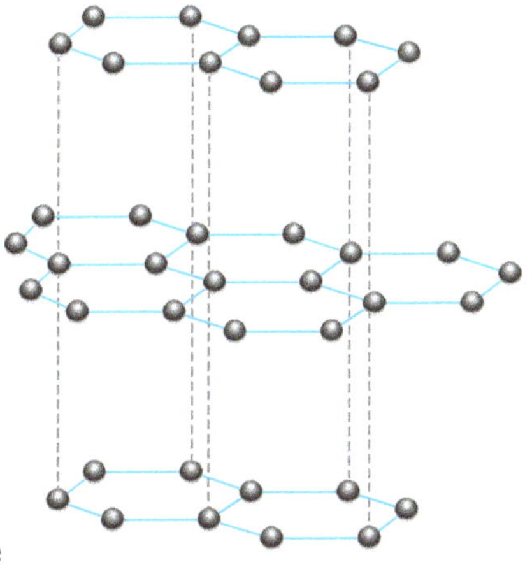

grafite

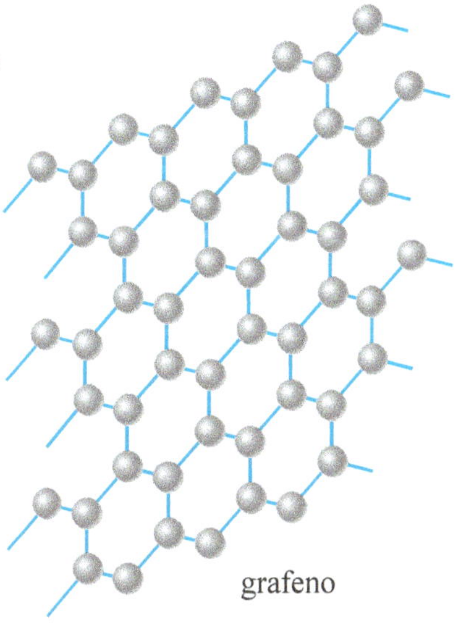

grafeno

TÓPICO 11 – Funções inorgânicas

Ácidos de Arrhenius

Ácido de Arrhenius é toda substância hidrogenada que, dissolvida em água, origina H^+ como único tipo de cátion (o ânion varia de ácido para ácido) devido à dissociação da molécula do ácido.

$$\text{ácido} + H_2O \rightarrow H^+ + \text{ânion}$$

O H^+ chama-se hidrogênio ionizável. Todos os hidrogênios dos hidrácidos são ionizáveis e, para os oxiácidos, é necessário que o H esteja ligado a um átomo de O.

➠ **Nomenclatura dos ácidos de Arrhenius:**

HIDRÁCIDOS
(ácidos sem oxigênio)

ácido .... ídrico
(nome do elemento)

Exemplos:

- ➠ HF: ácido fluorídrico
- ➠ HBr: ácido bromídrico
- ➠ HCN: ácido cianídrico
- ➠ HCl: ácido clorídrico
- ➠ HI: ácido iodídrico
- ➠ H_2S: ácido sulfídrico

OXOÁCIDOS
(ácidos com oxigênio)

A partir do nome do ácido-padrão e de acordo com a variação do número de átomos de oxigênio, determinam-se as fórmulas e os nomes de outros ácidos, com o uso de prefixos (hipo, per) e sufixos (oso, ico).

ácido padrão

ácido per + nome do elemento + ico
+1 átomo de oxigênio
ácido + nome do elemento + ico
+1 átomo de oxigênio
ácido + nome do elemento + oso
+1 átomo de oxigênio
ácido hipo + nome do elemento + oso

Exemplos:

- ➠ HNO_3: ácido nítrico
- ➠ HNO_2: ácido nitroso
- ➠ $HClO_4$: ácido perclórico
- ➠ $HClO_3$: ácido clórico
- ➠ $HClO_2$: ácido cloroso
- ➠ HClO: ácido hipocloroso

➠ **Fórmula estrutural dos oxiácidos:**

- ❖ *1º passo* – rodear o átomo central por átomos de O;
- ❖ *2º passo* – ligar os átomos de H aos átomos de O;
- ❖ *3º passo* – quando acabar o estoque de ligação covalente do átomo central, usar a ligação dativa.

Observação: existem dois ácidos (H_3PO_3, H_3PO_2) em que temos átomos de H ligados no átomo central (P).

H_3PO_3

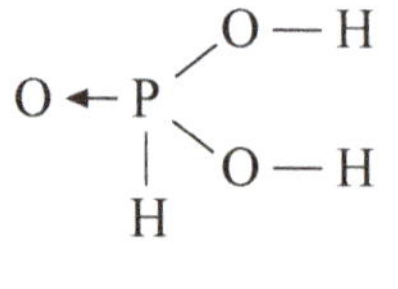

H_3PO_2

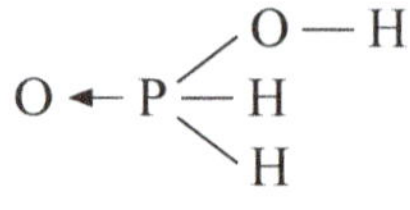

➡ **Ácidos importantes:**

- H_2SO_4: ácido de bateria; responsável pela chuva ácida.
- HNO_3: explosivos; fertilizantes; responsável pela chuva ácida.
- HCl (ácido muriático): suco gástrico; comercial.
- H_2CO_3: ácido da chuva, bebidas.

Bases de Arrhenius

Base de Arrhenius é toda substância que, dissolvida em água, libera OH^- (ânion hidróxido) como o único tipo de ânion (o cátion varia de base para base).

$$\text{base} + H_2O \longrightarrow \text{cátion} + OH^-$$

➡ **Nomenclatura das bases de Arrhenius:**

hidróxido de (nome do elemento)

➡ **Bases importantes:**

- NaOH: soda cáustica
- $Mg(OH)_2$: leite de magnésia
- $Ca(OH)_2$: cal hidratada
- NH_4OH: amoníaco

➡ **Indicadores ácido-base:** são substâncias que têm a propriedade de apresentar colorações diferentes em solução ácida e em solução básica. Os indicadores mais comuns são o *tornassol*, a *fenolftaleína* e o *alaranjado de metila*. As colorações desses indicadores em solução ácida e em solução básica são:

INDICADOR	ÁCIDO	BASE
tornassol	rosa	azul
fenolftaleína	incolor	vermolho
alaranjado de metila	vermelho	amarelo

Sais

Formados a partir da reação de neutralização:

$$\text{ácido} + \text{base} \longrightarrow \text{sal} + \text{água}$$

A nomenclatura dos ânions é feita substituindo-se a terminação do nome do *ácido* pela terminação do nome do *ânion*, conforme a seguinte regra:

ÁCIDO	ÂNION
ídrico	eto
ico	ato
oso	ito

➡ **Nomenclatura dos sais:** a nomenclatura dos sais é feita escrevendo-se o nome do *ânion*, a palavara "*de*" e o nome do *cátion*.

(nome do ânion) de (nome do cátion)

➡ **Sais importantes:**

- NaCl: alimentação, soro fisiológico
- $CaCO_3$: calcário, mármore
- $NaNO_3$: salitre do chile
- $NaHCO_3$: bicarbonato de sódio, fermento químico
- Na_2CO_3: barrilha ou soda

Óxidos

São substâncias binárias (dois elementos) nas quais o oxigênio é o elemento mais eletronegativo.

Nomenclatura dos óxidos:

- *óxidos iônicos:*

óxido de (nome do cátion)

- *óxidos moleculares:* prefixos indicam a quantidade de não metal e do oxigênio

$$\begin{bmatrix} \text{mono} \\ \text{di} \\ \text{tri} \\ --- \end{bmatrix} + \text{óxido de} + \begin{bmatrix} \text{di} \\ \text{tri} \\ --- \end{bmatrix} + \underline{\text{nome do não metal}}$$

Principais reações dos óxidos:

- óxido ácido + água ⟶ ácido
- óxido básico + água ⟶ base
- óxidos anfóteros: reagem tanto com base quanto com ácido. *Exemplos:* ZnO, Al_2O_3, SnO, SnO_2
- óxidos neutros ou indiferentes: não reagem com água, ácido ou base. *Exemplos:* CO (tóxico), NO e N_2O (gás hilariante)

Óxidos importantes:

- CaO: cal virgem ou cal viva
- CO_2: gás carbônico
- CO: tóxico, poluente
- SO_2: causa a chuva ácida (H_2SO_4)
- Fe_2O_3: hematita, minério de ferro
- Al_2O_3. x H_2O: bauxita, minério de alumínio

TÓPICO 12 – Reações químicas

Reação de dupla-troca

$$A^+B^- + C^+D^- \longrightarrow A^+D^- + C^+B^-$$

Exemplo:

$$Pb(NO_3)_2 + 2\,KI(aq) \longrightarrow 2\,KNO_3(aq) + PbI_2(s)$$

composto composto composto composto

Condições para ocorrência de reação de dupla-troca: há três condições para a ocorrência de uma reação de dupla-troca. Basta que uma delas seja satisfeita para que a reação ocorra:

- *reagentes solúveis formando ao menos um produto insolúvel* – compostos que contêm *cátions dos metais alcalinos* (grupo 1), *cátion* NH_4^+ (amônio) ou *ânion* NO_3^- (nitrato) são sempre solúveis. Outras regras de solubilidade são colocadas na tabela:

ÂNIONS	SOLUBILIDADE EM ÁGUA	EXCEÇÕES
Cl^-, Br^-, I^-	solúveis	Ag^+, Pb^{2+}, Hg_2^{2+} ou Hg^{1+}
SO_4^{2-}	solúveis	Ba^{2+}, Ca^{2+}, Sr^{2+}, Pb^{2+}
S^{2-}	insolúveis	NH_4^+ e cátions dos grupos 1 e 2
CO_3^{2-}, PO_4^{3-} e outros ânions	insolúveis	NH_4^+ e cátions do grupo 1

- *reagentes não voláteis formando ao menos um produto volátil* – substância volátil: HF, HCl, HCN, H_2S, HNO_3, H_2SO_4, NH_4OH;
- *reagentes muito dissociados/ionizados* (eletrólitos fortes) *formando ao menos um produto pouco dissociado/ionizado* (eletrólito fraco).

Reação de deslocamento

Para que essa reação ocorra é necessário que **o metal que vai deslocar seja mais reativo** do que o metal na forma de cátion.

$$X + AB \longrightarrow XB + A$$

Metais alcalinos (Li, Na, K...)	Metais alcalino-terrosos (Mg, Ca...)	Al	Metais comuns (Mn, Zn, Cr, Fe, Ni, Cr, Pb)	H	Metais nobres (Bi, Cu, Hg, Ag, Pt, Au)

reatividade diminui →

- **Reação de deslocamento entre não metais:** para que essa reação ocorra é necessário que o **metal que vai deslocar seja mais reativo** do que o ametal na forma de ânion.

$$Y + AB \longrightarrow AY + B$$

$$F_2 > O_2 > Cl_2 > Br_2 > I_2$$

reatividade diminui →

Reação de oxirredução

Nem todas as reações de oxidorredução (ou oxirredução) envolvem transferência de oxigênio. *Porém, todas as reações de oxirredução envolvem a transferência de elétrons entre substâncias.*

$$\overset{0}{Zn} + \overset{+2}{Cu^{2+}} \rightarrow \overset{+2}{Zn^{2+}} + \overset{0}{Cu}$$

oxidação (Zn → Zn^{2+}); redução (Cu^{2+} → Cu)

Uma substância é oxidada (perde elétrons/aumenta o Nox) e outra substância na mesma reação é reduzida (ganha elétrons/diminui o Nox). A substância oxidada é o agente redutor e a substância reduzida é o **agente oxidante**.

Observação: **Número de oxidação (Nox)** de um átomo em uma molécula ou íon é a carga elétrica calculada através de determinadas regras.

TÓPICO 13 – Massa atômica, massa molecular, massa molar e mol

- **Massa atômica:** número que indica quantas vezes a sua massa é maior que 1 u (u = unidade de massa atômica) ou 1/12 da massa do C-12.
- **Massa molecular:** massa de uma molécula expressa em u.
- **Massa molar:** valor da massa atômica ou molecular expressa em gramas.
- **Mol:** número de átomos ou moléculas na massa molar, conhecido como constante de Avogadro = $6{,}02 \times 10^{23}$ partículas/mol.

Exemplo de alguns elementos e suas respectivas massas moleculares e molares.

NOME	FÓRMULA	MASSA MOLECULAR (u)	MASSA MOLAR (g/mol)	NÚMERO E TIPO DE PARTÍCULAS EM UM MOL
nitrogênio atômico	N	14,0	14,0	$6{,}022 \cdot 10^{23}$ átomos de N
nitrogênio molecular	N_2	28,0	28,0	$6{,}022 \cdot 10^{23}$ moléculas de N_2 $2(6{,}022 \cdot 10^{23})$ átomos de N
prata	Ag	107,9	107,9	$6{,}022 \cdot 10^{23}$ átomos de Ag
íons prata	Ag^+	107,9	107,9	$6{,}022 \cdot 10^{23}$ íons de Ag^+
cloreto de bário	$BaCl_2$	208,2	208,2	$6{,}022 \cdot 10^{23}$ unidades de $BaCl_2$ $6{,}022 \cdot 10^{23}$ íons Ba^{2+} $2(6{,}022 \cdot 10^{23})$ íons de Cl^-

Observação: os índices de uma fórmula molecular também indicam quantidade em mol.

TÓPICO 14 – ESTEQUIOMETRIA

Parte da Química que calcula a quantidade dos reagentes e produtos em uma reação química, utilizando os coeficientes estequiométricos da equação, que indicam a proporção em mol.

Baseia-se nas leis ponderais (Lei da Conservação das Massas ou Lei de Lavoisier e Lei das Proporções Constantes ou Lei de Proust).

- **Pureza:** indica a porcentagem em massa da substância que vai ser usada na estequiometria.
- **Rendimento:** é a quantidade do produto expressa em porcentagem, obtida experimentalmente, em relação à esperada pelos coeficientes estequiométricos.
- **Excesso de reagente:** reagente que se apresenta em quantidade maior do que a necessária para a reação, de acordo com a quantidade do reagente limitante (que se encontra em menor quantidade).

TÓPICO 15 – METALURGIA

Define-se **minério** como um **mineral** (substância presente naturalmente na crosta terrestre) cuja extração é economicamente viável.

Substâncias extraídas de alguns minérios.

MINÉRIO	SUBSTÂNCIA PRINCIPAL	SUBSTÂNCIA EXTRAÍDA
hematita	Fe_2O_3	Fe
bauxita	$Al_2O_3.n\ H_2O$	Al
calcosita	Cu_2S	Cu
cassiterita	SnO_2	Sn
galena	PbS	Pb
esfalerita	ZnS	Zn
calcário	$CaCO_3$	CaO

Algumas ligas metálicas (misturas em que predominam metais).

NOME	COMPONENTES	APLICAÇÃO
solda	Pb – Sn	soldagem
latão	Cu – Zn	armas, torneiras, terminais elétricos, ornamentos
bronze	Cu – Sn	esculturas, instrumentos musicais, medalhas
ouro 18 quilates	75% Au – 25% outros metais	joias
ouro branco	75% Au – 25% metais brancos (como Pd ou Pt)	

TÓPICO 16 – GASES

Toda matéria é formada por partículas (átomos, moléculas ou íons), que interagem entre si e arranjam-se em diferentes formas. Os diferentes estados de agregação da matéria correspondem ao maior ou menor grau de liberdade das partículas.

No estado gasoso, **as forças entre as partículas são mais fracas** e tornam-se mais importantes as interações por meio de colisões. O número de colisões depende do número médio de partículas presentes por unidade de volume, isto é, da densidade numérica e da energia das partículas. Essa energia está relacionada com a **temperatura** do gás. A terceira característica do sistema gasoso a ter em conta é a **pressão.**

- **Temperatura:** é uma medida da agitação térmica das partículas. T (K) = T (°C) + 273
- **Pressão:**
  - 1 atm = 760 mmHg = 101,3 kPa = 1,013 bar
  - 1 Pa = 1 N/m^2
  - 1 bar = $1{,}0 \cdot 10^5$ Pa = $1{,}0 \cdot 10^2$ kPa = 0,9872 atm
  - 1 torr = 1 mmHg
- **Gases ideais:** considera-se que não há forças de atração entre as moléculas e que as próprias moléculas não ocupam volume.
- **Equação do Gás Ideal:**

$$PV = nRT$$

- **Lei geral dos gases:**

$$P_1V_1/T_1 = P_2V_2/T_2$$

- **Lei Química de Gay-Lussac:** "Quando medidos nas mesmas condições de pressão e temperatura, os volumes dos reagentes e dos produtos gasosos formam uma proporção constante, de números inteiros e pequenos".
- **Hipótese de Avogadro:** o volume de um gás, a determinada temperatura e pressão é diretamente proporcional à quantidade (mol) de gás.
- **Lei de Dalton das pressões parciais:**

$$P_{total} = p_A + p_B + p_C + ...$$

onde p_A, p_B e p_C são as pressões parciais dos diferentes gases em uma mistura e P_{total} é a pressão total da mistura.

- **Fração em mol:** para misturas de gases, é interessante introduzir uma quantidade chamada **fração em mol, X**, que é definida como quantidade em mol de determinada substância em uma mistura dividida pela quantidade em mol total de todas as substâncias presentes. Matematicamente, temos:

$$X_A = \frac{n_A}{n_{total}}$$

Combinando a fração em mol com as equações de pressão parcial e pressão total, chega-se a uma equação bastante útil:

$$p_A = X_A P_{total}$$

Densidade dos gases:

$$d = \frac{m}{V} = \frac{P\bar{M}}{RT}$$

➡ **Difusão e efusão gasosas:** o movimento de *difusão* resulta dos movimentos moleculares aleatórios de todos os gases e é responsável pela mistura das moléculas de dois ou mais gases.
O movimento de *efusão* é o movimento do gás através de uma minúscula abertura em um recipiente para outro recipiente onde a pressão é menor.

TÓPICO 17 – Tipos de fórmulas químicas

➡ A **fórmula centesimal** ou **percentual** refere-se às porcentagens em massa dos elementos formadores da substância considerada. Por exemplo, a fórmula percentual do metano é $C_{75\%}H_{25\%}$. Isso significa que em cada 100 gramas de metano, há 75 gramas de carbono e 25 gramas de hidrogênio.

➡ A **fórmula molecular** indica os elementos formadores da substância e o número de átomos de cada elemento na molécula dessa substância. Por exemplo, a fórmula molecular da glicose é $C_6H_{12}O_6$.

➡ A **fórmula mínima** ou **empírica** indica os elementos formadores da substância e proporção em número de átomos desses elementos, expressa em números inteiros e os menores possíveis. Por exemplo, a fórmula molecular da glicose é $C_6H_{12}O_6$. Já a fórmula mínima é CH_2O, uma vez que trata da proporção em números inteiros e os menores possíveis.

TÓPICO 18 – Radioatividade

Radioatividade é a emissão de radiação de um núcleo instável que se transforma em outro núcleo (instável ou estável). Quando um núcleo emite radiação, dizemos que ele sofreu um **decaimento radioativo**, uma **desintegração radioativa** ou uma **transmutação nuclear**. Trata-se de um processo espontâneo.

Tipos de radiação natural.

RADIAÇÃO	SÍMBOLO	NATUREZA	PODER DE PENETRAÇÃO	PODER DE IONIZAÇÃO
alfa	${}^{4}_{2}\alpha$	núcleo de He (2p, 2n)	baixo	muito alto
beta	${}^{0}_{-1}\beta$	elétron acelerado	alto	alto
gama	${}^{0}_{0}\gamma$	onda eletromagnética	muito alto	baixo

➡ **Tempo de meia-vida:** é o tempo necessário para que metade de uma amostra radioativa se desintegre.

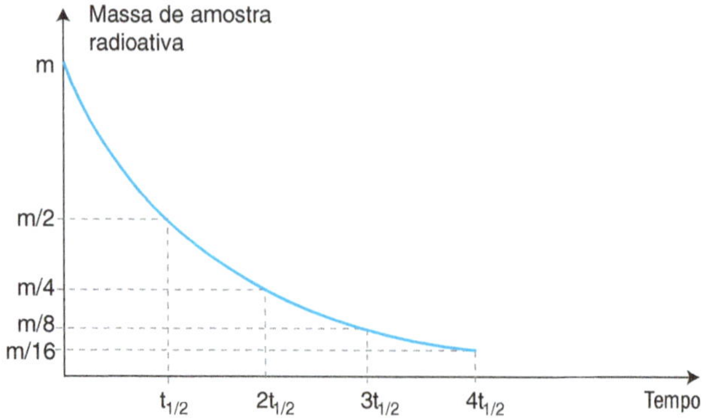

Curva de decaimento de um elemento radioativo genérico.

Exercícios

1. TÓPICO 1 – Atomística – modelos atômicos. (UNESP) Em 2013, comemorou-se o centenário do modelo atômico proposto pelo físico dinamarquês Niels Bohr para o átomo de hidrogênio, o qual incorporou o conceito de quantização da energia, possibilitando a explicação de algumas propriedades observadas experimentalmente. Embora o modelo atômico atual seja diferente, em muitos aspectos, daquele proposto por Bohr, a incorporação do conceito de quantização foi fundamental para o seu desenvolvimento.

Com respeito ao modelo atômico para o átomo de hidrogênio proposto por Bohr em 1913, é correto afirmar que:

a) o espectro de emissão do átomo de H é explicado por meio da emissão de energia pelo elétron em seu movimento dentro de cada órbita estável ao redor do núcleo do átomo.
b) o movimento do elétron ao redor do núcleo do átomo é descrito por meio de níveis e subníveis eletrônicos.
c) o elétron se move com velocidade constante em cada uma das órbitas circulares permitidas ao redor do núcleo do átomo.
d) a regra do octeto é um dos conceitos fundamentais para ocupação, pelo elétron, das órbitas ao redor do núcleo do átomo.
e) a velocidade do elétron é variável em seu movimento em uma órbita elíptica ao redor do núcleo do átomo.

2. TÓPICO 3 – Propriedades químicas. (UNICAMP) Em algumas extrações de ouro, sedimentos de fundo de rio e água são colocados em uma bateia, recipiente cônico que se assemelha a um funil sem o buraco. Movimentos circulares da bateia permitem que o ouro metálico se deposite sob o material sólido ali presente. Esse depósito, que contém principalmente ouro, é posto em contato com mercúrio metálico; o amálgama formado é separado e aquecido com um maçarico, separando-se o ouro líquido do mercúrio gasoso. Em uma região próxima dali, o mercúrio gasoso se transforma em líquido e acaba indo para o leito dos rios.

Os três segmentos acima grifados se referem, respectivamente, às seguintes propriedades:

a) peso, temperatura de gaseificação e temperatura de liquefação.
b) densidade, temperatura de sublimação e temperatura de fusão.
c) peso, temperatura de ebulição e temperatura de fusão.
d) densidade, temperatura de ebulição e temperatura de liquefação.

3. TÓPICO 2 – Estados físicos. (FUVEST) Observa-se que uma solução aquosa saturada de HCl libera uma substância gasosa. Uma estudante de química procurou representar, por meio de uma figura, os tipos de partículas que predominam nas fases aquosa e gasosa desse sistema – sem representar as partículas de água.

A figura com a representação mais adequada seria:

a)
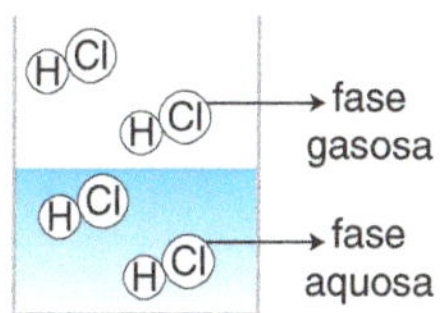

b)
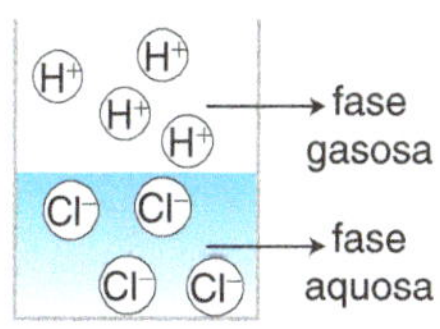

c)
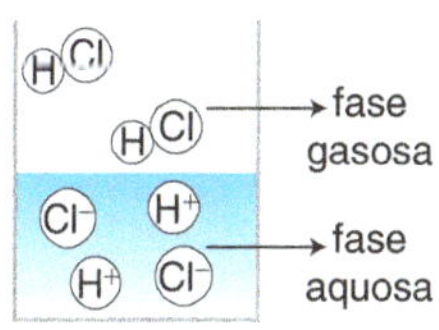

d)
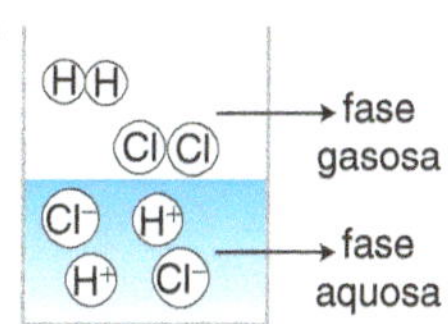

e)
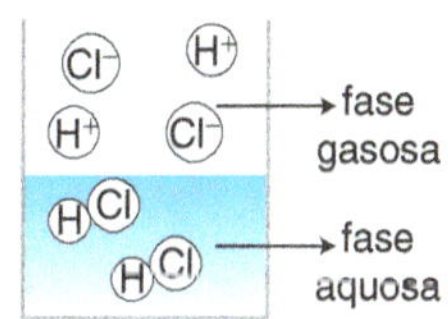

4. TÓPICO 2 – Estado físico. (UNESP) Os compostos orgânicos possuem interações fracas e tendem a apresentar temperaturas de ebulição e fusão menores do que as dos compostos inorgânicos. A tabela a seguir apresenta dados sobre as temperaturas de ebulição e fusão de alguns hidrocarbonetos.

SUBSTÂNCIA	TE (°C)	TF (°C)
metano	−162	−182
propano	−42	−188
eteno	−104	−169
propino	−23	−101

Na temperatura de −114 °C é correto afirmar que os estados físicos em que se encontram os compostos metano, propano, eteno e propino são, respectivamente:

a) sólido, gasoso, gasoso e líquido.
b) líquido, sólido, líquido e sólido.
c) líquido, gasoso, sólido e líquido.
d) gasoso, líquido, sólido e gasoso.
e) gasoso, líquido, líquido e sólido.

5. TÓPICOS 1 e 4 – Átomo, elemento, composto e mistura. (FUVEST) Na obra *O poço do Visconde*, de Monteiro Lobato, há o seguinte diálogo entre o Visconde de Sabugosa e a boneca Emília:

— Senhora Emília, explique-me o que é hidrocarboneto.

A atrapalhadeira não se atrapalhou e respondeu:

— São misturinhas de uma coisa chamada hidrogênio com outra coisa chamada carbono. Os carocinhos de um se ligam aos carocinhos de outro.

Nesse trecho, a personagem Emília usa o vocabulário informal que a caracteriza. Buscando-se uma terminologia mais adequada ao vocabulário utilizado em Química, devem-se substituir as expressões “misturinhas”, “coisa” e “carocinhos”, respectivamente, por:

a) compostos, elemento, átomos.
b) misturas, substância, moléculas.
c) substâncias compostas, molécula, íons.
d) misturas, substância, átomos.
e) compostos, íon, moléculas.

6. TÓPICOS 3 e 4 – Lei da Conservação da Massa e Modelos Atômicos. (UNESP) A Lei da Conservação da Massa, enunciada por Lavoisier em 1774, é uma das leis mais importantes das transformações químicas. Ela estabelece que, durante uma transformação química, a soma das massas dos reagentes é igual à soma das massas dos produtos. Esta teoria pôde ser explicada, alguns anos mais tarde, pelo modelo atômico de Dalton.

Entre as ideias de Dalton, a que oferece a explicação mais apropriada para a Lei da Conservação da Massa de Lavoisier é a de que:

a) Os átomos não são criados, destruídos ou convertidos em outros átomos durante uma transformação química.
b) Os átomos são constituídos por três partículas fundamentais: prótons, nêutrons e elétrons.
c) Todos os átomos de um mesmo elemento são idênticos em todos os aspectos de caracterização.
d) Um elétron em um átomo pode ter somente certas quantidades específicas de energia.
e) Toda a matéria é composta de átomos.

7. TÓPICO 5 – Tabela periódica. (FUVEST) Observe a posição do elemento químico ródio (Rh) na tabela periódica.

	1	2	3	4	5	6	7	8	9	10	11	12	13	14	15	16	17	18
1	H																	He
2	Li	Be											B	C	N	O	F	Ne
3	Na	Mg											Al	Si	P	S	Cl	Ar
4	K	Ca	Sc	Ti	V	Cr	Mn	Fe	Co	Ni	Cu	Zn	Ga	Ge	As	Se	Br	Kr
5	Rb	Sr	Y	Zr	Nb	Mo	Tc	Ru	Rh	Pd	Ag	Cd	In	Sn	Sb	Te	I	Xe
6	Cs	Ba	*	Hf	Ta	W	Re	Os	Ir	Pt	Au	Hg	Tl	Pb	Bi	Po	At	Rn
7	Fr	Ra	**	Rf	Db	Sg	Bh	Hs	Mt	Ds	Rg	Cn						

*	La	Ce	Pr	Nd	Pm	Sm	Eu	Gd	Tb	Dy	Ho	Er	Tm	Yb	Lu
**	Ac	Th	Pa	U	Np	Pu	Am	Cm	Bk	Cf	Es	Fm	Md	No	Lr

Assinale a alternativa correta a respeito do ródio.

a) Possui massa atômica menor que a do cobalto (Co).
b) Apresenta reatividade semelhante à do estrôncio (Sr), característica do 5º período.
c) É um elemento não metálico.
d) É uma substância gasosa à temperatura ambiente.
e) É uma substância boa condutora de eletricidade.

8. TÓPICO 5 – Elementos químicos – símbolos e nomes. (UNICAMP) Na década de 1970, a imprensa veiculava uma propaganda sobre um fertilizante que dizia: “contém N, P, K, mais enxofre”.

Pode-se afirmar que o fertilizante em questão continha em sua formulação, respectivamente, os elementos químicos:

a) nitrogênio, fósforo, potássio e enxofre, cujo símbolo é S.
b) níquel, potássio, criptônio e enxofre, cujo símbolo é Ex.
c) nitrogênio, fósforo, potássio e enxofre, cujo símbolo é Ex.
d) níquel, potássio, cálcio e enxofre, cujo símbolo é S.

9. TÓPICO 6 – Ligação química – propriedades. (UNESP) Três substâncias puras, X, Y e Z, tiveram suas condutividades elétricas testadas, tanto no estado sólido como no estado líquido, e os dados obtidos encontram-se resumidos na tabela.

SUBSTÂNCIA	CONDUZ CORRENTE ELÉTRICA NO ESTADO	
	sólido	líquido
X	sim	sim
Y	não	sim
Z	não	não

Com base nessas informações, é correto classificar como substância(s) iônica(s)

a) Y e Z, apenas.
b) X, Y e Z.
c) X e Y, apenas.
d) Y, apenas.
e) X, apenas.

10. TÓPICOS 3 – Propriedades das substâncias. (UNESP) Alguns cheiros nos provocam fascínio e atração. Outros trazem recordações agradáveis, até mesmo de momentos da infância. Aromas podem causar sensação de bem-estar ou dar a impressão de que alguém está mais atraente. Os perfumes têm sua composição aromática distribuída em um modelo conhecido como pirâmide olfativa, dividida horizontalmente em três partes e caracterizada pelo termo *nota*. As notas de saída, constituídas por substâncias bem voláteis, dão a primeira impressão do perfume. As de coração demoram um pouco mais para serem sentidas. São as notas de fundo que permanecem mais tempo na pele.

REZENDE, C. M. *Ciência Hoje*, Rio de Janeiro, jul. 2011 (adaptado).

À temperatura e pressão ambientes, os constituintes químicos das notas de saída

a) são líquidos oleosos que aderem à pele por meio de ligações de hidrogênio.
b) evaporam mais rapidamente que os constituintes químicos das notas de coração e de fundo.
c) apresentam densidade mais elevada que os constituintes químicos das notas de coração e de fundo.
d) são gases cujas moléculas possuem elevada polaridade.
e) são pouco solúveis no ar atmosférico.

11. TÓPICOS 7, 8 e 11 – Geometria molecular, interações intermoleculares e classificação de óxidos. (UNESP) O magma que sai dos vulcões durante as erupções é constituído por rochas fundidas e vários tipos de gases e vapores, tais como CO, CO_2, SO_2, SO_3, HCl e H_2O.

A respeito dessas substâncias, são feitas as seguintes afirmações:

I. Quando dissolvidos em água, os gases CO_2, SO_2, SO_3 e HCl geram soluções eletrolíticas cujo pH é menor que 7.
II. As moléculas de CO_2, SO_2 e H_2O apresentam geometria linear.
III. No estado sólido, as moléculas de CO_2 encontram-se atraídas entre si por ligações de hidrogênio muito intensas.

É correto o que se afirma em:

a) I, apenas.
b) II, apenas.
c) I e II, apenas.
d) II e III, apenas.
e) I, II e III.

12. TÓPICO 11 – Química ambiental – gases estufas, chuva ácida. (UNICAMP) Em junho de 2012 ocorreu na cidade do Rio de Janeiro a Conferência Rio+20. Os principais focos de discussão dessa conferência diziam respeito à sustentabilidade do planeta e à poluição da água e do ar. Em relação a esse último aspecto, sabemos que alguns gases são importantes para a vida no planeta. A preocupação com esses gases é justificada, pois, de um modo geral, pode-se afirmar que:

a) o CH_4 e o CO_2 estão relacionados à radiação ultravioleta, o O_3, à chuva ácida e os NO_x, ao efeito estufa.
b) o CH_4 está relacionado à radiação ultravioleta, o O_3 e o CO_2, ao efeito estufa e os NO_x, à chuva ácida.
c) os NO_x estão relacionados ao efeito estufa, o CH_4 e o CO_2, à radiação ultavioleta e o O_3, à chuva ácida.
d) o O_3 está relacionado à radiação ultravioleta, o CH_4 e o CO_2, ao efeito estufa e os NO_x, à chuva ácida.

13. TÓPICO 12 – Reações químicas. (FUVEST) A aparelhagem esquematizada na figura a seguir pode ser utilizada para identificar gases ou vapores produzidos em transformações químicas. No frasco 1, cristais azuis de $CoCl_2$ anidro adquirem coloração rosa em contato com vapor-d'água. No frasco 2, a solução aquosa saturada de $Ca(OH)_2$ turva-se em contato com $CO_2(g)$.

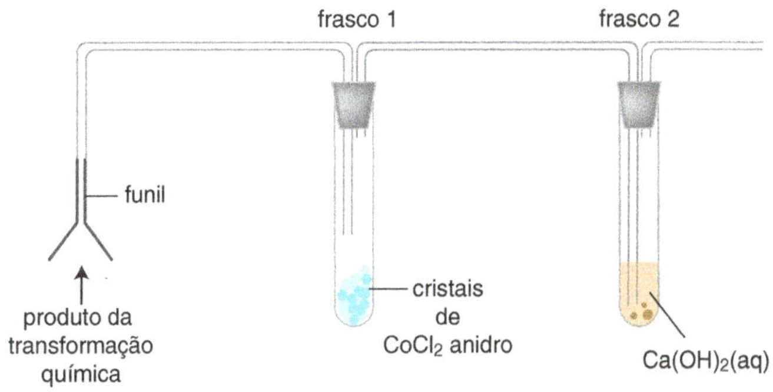

Utilizando essa aparelhagem em três experimentos distintos, um estudante de Química investigou os produtos obtidos em três diferentes processos:

I. aquecimento de $CaCO_3$ puro;
II. combustão de uma vela;
III. reação de raspas de Mg(s) com HCl(aq).

O aparecimento de coloração rosa nos cristais de $CoCl_2$ anidro e a turvação da solução aquosa de $Ca(OH)_2$ foram observados, simultaneamente, em

a) I, apenas.
b) II, apenas.
c) III, apenas.
d) I e III, apenas.
e) I, II e III.

14. TÓPICOS 4, 11 e 13 – Átomo, massa molar, sal. (UNICAMP) Obtém-se um sal de cozinha do tipo *light* substituindo-se uma parte do sal comum por cloreto de potássio. Esse produto é indicado para pessoas com problemas de pressão arterial alta.

Sabendo-se que a massa molar do sódio é menor que a do potássio, pode-se afirmar que, para uma mesma massa dos dois tipos de sal, no tipo *light* há:

a) menos íons cloreto e mais íons sódio do que no sal comum.
b) mais íons cloreto e menos íons sódio do que no sal comum.
c) mais íons cloreto e mais íons sódio do que no sal comum.
d) menos íons cloreto e menos íons sódio do que no sal comum.

15. TÓPICO 13 – Densidade, mol e massa molar. (UNESP) A ductilidade é a propriedade de um material deformar-se, comprimir-se ou estirar-se sem se romper.

A prata é um metal que apresenta excelente ductilidade e a maior condutividade elétrica dentre todos os elementos químicos. Um fio de prata possui 10 m de comprimento (ℓ) e área de secção transversal (A) de $2,0 \times 10^{-7}$ m^2.

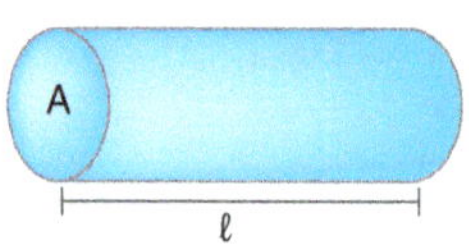

Considerando a densidade da prata igual a 10,5 g/cm^3, a massa molar igual a 108 g/mol e a constante de Avogadro igual a $6,0 \times 10^{23}$ mol^{-1}, o número aproximado de átomos de prata nesse fio será

a) $1,2 \times 10^{22}$.
b) $1,2 \times 10^{23}$.
c) $1,2 \times 10^{20}$.
d) $1,2 \times 10^{17}$.
e) $6,0 \times 10^{23}$.

16. TÓPICO 13 – Massa molar. (UNICAMP) Entre os vários íons presentes em 200 mililitros de água de coco há aproximadamente 320 mg de potássio, 40 mg de cálcio e 40 mg de sódio. Assim, ao beber água de coco, uma pessoa ingere quantidades diferentes desses íons, que, em termos de massa, obedecem à sequência: potássio > sódio = cálcio. No entanto, se as quantidades ingeridas fossem expressas em mol, a sequência seria:

Dados: massa molar em g/mol de cálcio = 40, potássio = 39 e sódio = 23.

a) potássio > cálcio = sódio.
b) cálcio = sódio > potássio.
c) potássio > sódio > cálcio.
d) cálcio > potássio > sódio.

17. TÓPICO 14 – Estequiometria – Lei da Conservação das Massas e das Proporções Constantes. (UNICAMP) O hidrocarboneto n-octano é um exemplo de substância presente na gasolina. A reação de combustão completa do n-octano pode ser representada pela seguinte equação não balanceada:

$$C_8H_{18}(g) + O_2(g) \rightarrow CO_2(g) + H_2O(g)$$

Após balancear a equação, pode-se afirmar que a quantidade de:

Dados: massas molares em g/mol: C_8H_{18} = 114; O_2 = 32; CO_2 = 44; H_2O = 18.

a) gás carbônico produzido, em massa, é maior que a de gasolina queimada.
b) produtos, em mol, é menor que a quantidade de reagentes.
c) produtos, em massa, é maior que a quantidade de reagentes.
d) água produzida, em massa, é maior que a de gás carbônico.

18. TÓPICO 14 – Cálculo estequiométrico. (FUVEST) Uma moeda antiga de cobre estava recoberta com uma camada de óxido de cobre (II). Para restaurar seu brilho original, a moeda foi aquecida ao mesmo tempo em que se passou sobre ela gás hidrogênio. Nesse processo, formou-se vapor-d'água e ocorreu a redução completa do cátion metálico. As massas da moeda, antes e depois do processo descrito, eram, respectivamente, 0,795 g e 0,779 g. Assim sendo, a porcentagem em massa do óxido de cobre (II) presente na moeda, antes do processo de restauração, era:

Dados: massas molares (g/mol): H = 1,00; O = 16,0; Cu = 63,5.

a) 2% b) 4% c) 8% d) 10% e) 16%

19. TÓPICO 16 – Lei geral dos gases. (UNESP) Os desodorantes do tipo aerossol contêm em sua formulação solventes e propelentes inflamáveis. Por essa razão, as embalagens utilizadas para a comercialização do produto fornecem no rótulo algumas instruções, tais como:

- não expor a embalagem ao sol;
- não usar próximo a chamas;
- não descartar em incinerador.

TIBIP/SHUTTERSTOCK

Uma lata desse tipo de desodorante foi lançada em um incinerador a 25 °C e 1 atm. Quando a temperatura do sistema atingiu 621 °C, a lata explodiu. Considere que não houve deformação durante o aquecimento.

No momento da explosão a pressão no interior da lata era:

a) 1,0 atm.
b) 2,5 atm.
c) 3,0 atm.
d) 24,8 atm.
e) 30,0 atm.

20. TÓPICO 18 – Radioatividade e tempo de meia-vida. (UNESP) Durante sua visita ao Brasil em 1928, Marie Curie analisou e constatou o valor terapêutico das águas radioativas da cidade de Águas de Lindoia, SP. Uma amostra de água de uma das fontes apresentou concentração de urânio igual a 0,16 μg/L.

Supondo que o urânio dissolvido nessas águas seja encontrado na forma de seu isótopo mais abundante, ^{238}U, cuja meia-vida é aproximadamente 5×10^9 anos, o tempo necessário para que a concentração desse isótopo na amostra seja reduzida para 0,02 μg/L será de:

a) 5×10^9 anos.
b) 10×10^9 anos.
c) 15×10^9 anos.
d) 20×10^9 anos.
e) 25×10^9 anos.

Físico-Química

TÓPICO 1 – Soluções

- **Solução:** mistura homogênea (1 fase), em que **soluto** é toda substância que é dissolvida e **solvente** é a substância que dissolve.
  - *Solução eletrolítica:* conduz corrente elétrica devido à presença de íons livres na solução. *Exemplo:* solução de NaCl.
  - *Solução não eletrolítica:* não conduz corrente elétrica, pois não apresenta íons livres na solução, que possam fechar o circuito. *Exemplo:* solução de sacarose.
- **Concentração:** razão proporcional, que relaciona as quantidades de soluto e da solução. Pode ser expressa em:
  - gramas/litro, g/L (C: concentração comum)
  - porcentagem (%: m/m, m/V ou V/V)
  - partes por milhão, ppm
  - mol/litro, mol/L (M: concentração em mol/L)
- **Densidade da solução:** relaciona a massa e o volume da solução; portanto, é diferente da concentração grama por litro, que relaciona a massa do soluto com o volume da solução.
- **Diluição (adição de solvente):** diluir uma solução significa adicionar solvente a essa solução com a finalidade de diminuir sua concentração. Ao diluir uma solução, verificamos que:
  - a quantidade de soluto (m, n) permanece constante;
  - o volume da solução aumenta ($V_2 > V_1$);
  - a concentração diminui.

$$M_iV_i = M_fV_f$$

em que M é a concentração em mol/L e $V_f = V_1 + V_2$.

Observação: podemos usar a fórmula acima para outros tipos de concentração.

- **Mistura de soluções de mesmo soluto:**

$$M_fV_f = M_AV_A + M_BV_B$$

Observação: podemos usar a fórmula acima para outros tipos de concentração.

- **Mistura de soluções de solutos diferentes SEM reação química:** as quantidades de soluto permanecem inalteradas; portanto, será como se cada solução, individualmente, sofresse uma diluição.
- **Mistura de soluções COM reação química:** trata-se de um problema de estequiometria:
  - *1º passo:* escrever a reação química balanceada;
  - *2º passo:* calcular a quantidade em mols de cada soluto;
  - *3º passo:* verificar se os valores obtidos estão de acordo com a estequiometria da reação, identificando se há excesso na reação; e
  - *4º passo:* verificar o que é solicitado no exercício.

TÓPICO 2 – TITULAÇÃO

É uma técnica de laboratório para determinar a concentração de uma solução a partir de uma solução de concentração conhecida. A partir do volume de uma solução conhecida, que é consumida na reação, determina-se a quantidade em mols de substância presente em certo volume da solução desconhecida, sendo possível calcular a concentração ou a pureza do material analisado.

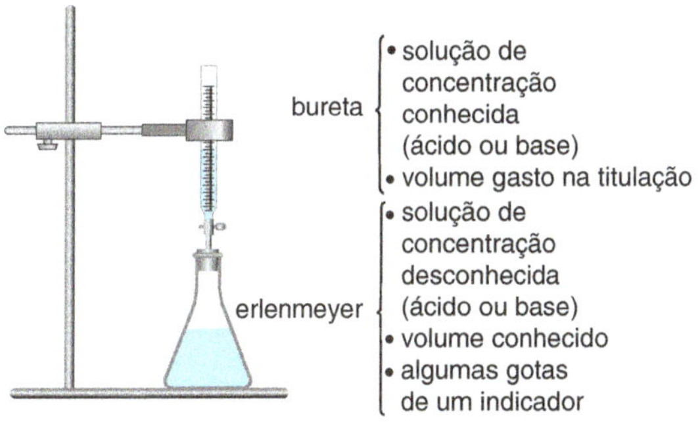

Ao abrir a torneira da bureta, ocorrerá a reação entre o ácido e a base. A titulação termina (fecha-se a torneira) quando o ácido ou a base de erlenmeyer for consumido totalmente. Isto é evidenciado pela mudança de cor da solução do erlenmeyer.

erlenmeyer início { ácido; fenolftaleína; incolor }

erlenmeyer final { ácido consumido; excesso de base; vermelha }

TÓPICO 3 – PROPRIEDADES COLIGATIVAS

Estudam as alterações nas propriedades de um solvente pela adição de um soluto não volátil. Dependem apenas do número de partículas do soluto dispersas na solução.

Observação: a maioria dos compostos orgânicos não dissocia, como a sacarose, a glicose e a ureia.

- **Pressão de vapor (Pv):** pressão exercida pelo vapor de uma substância quando em equilíbrio com o seu respectivo líquido.
  - Não depende da quantidade de líquido ou de vapor presentes no recipiente à temperatura constante.
  - Um líquido entra em ebulição quando sua pressão de vapor se iguala à pressão atmosférica.
  - Depende da natureza (volatilidade) e da temperatura do líquido.

PRINCIPAIS PROPRIEDADES COLIGATIVAS

- **Tonoscopia:** estuda o abaixamento da Pv de um solvente, quando a este se adiciona um soluto não volátil.
- **Ebulioscopia:** estuda o aumento da temperatura de ebulição do solvente, quando a este se adiciona um soluto não volátil.
- **Crioscopia:** estuda a diminuição da temperatura de congelamento do solvente, quando a este se adiciona um soluto não volátil.

Diagrama de fases

Diagrama de fases é o gráfico pressão *versus* temperatura que mostra os estados físicos e as curvas de fusão, ebulição e sublimação de determinada substância.

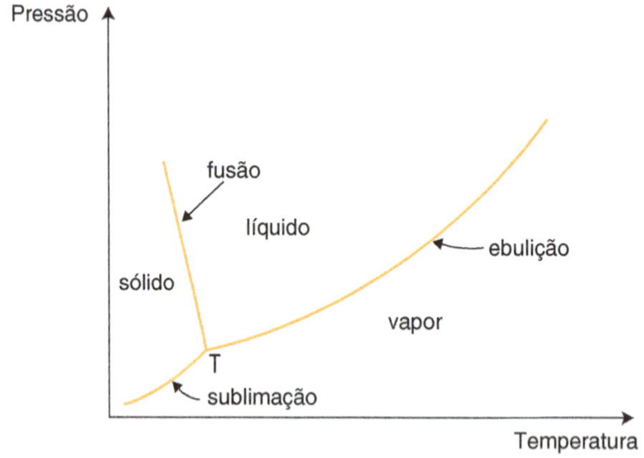

Em T, chamado ponto triplo, coexistem as três fases em equilíbrio.

Osmose

Osmose é a passagem de solvente por uma membrana semipermeável, do meio menos concentrado para o mais concentrado. As soluções podem ser: isotônica, hipertônica ou hipotônica.

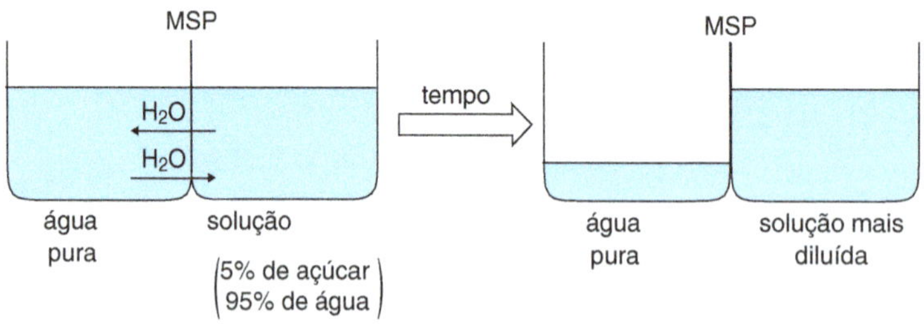

- **Pressão osmótica (π):** é a pressão exercida sobre a solução mais concentrada para impedir a osmose. Pode ser calculada pela expressão

$$\pi = MRT$$

em que M é a quantidade de partículas dispersas na solução, em mol/L; R é a constante universal dos gases e T, a temperatura do sistema, em Kelvin.

TÓPICO 4 – Termoquímica

Estuda as trocas de energia, na forma de calor, que ocorrem nas transformações físicas e químicas que envolvem as substâncias.

Processo exotérmico
- Ocorre com liberação de calor.
- $\Delta H < 0$

Processo endotérmico
- Ocorre com absorção de calor.
- $\Delta H > 0$

A variação de entalpia (ΔH) é o calor liberado ou absorvido nos processos, medido a pressão constante.

FATORES QUE AFETAM O ΔH DE UMA REAÇÃO

➡ **Quantidade de reagentes:** o ΔH é diretamente proporcional à quantidade dos reagentes.

$$H_2(g) + \frac{1}{2} O_2(g) \longrightarrow H_2O(l) \qquad \Delta H = -68 \text{ kcal/mol}$$

multiplicando a equação por 2

$$2\ H_2(g) + 1\ O_2(g) \longrightarrow 2\ H_2O(l) \qquad \Delta H = -136 \text{ kcal/mol}$$

➡ **Estado físico dos reagentes e produtos:** a mudança do estado físico de uma substância altera o seu conteúdo energético, modificando o valor do ΔH.

$$H_2O(v) > H_2O(l) > H_2O(s)$$

diminui a energia cinética das moléculas de água

conteúdo energético diminui

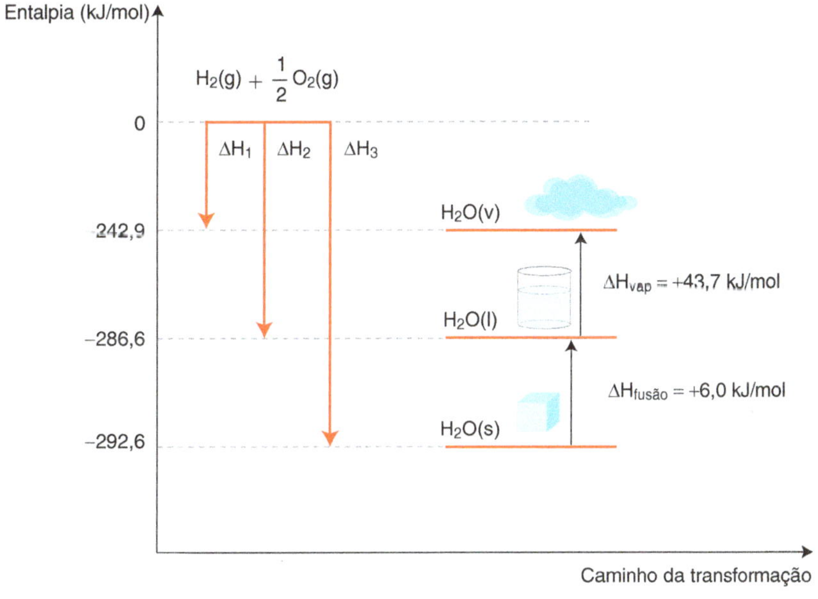

➡ **Forma alotrópica:** alotropia é o fenômeno em que um mesmo elemento químico forma substâncias simples diferentes, chamadas de formas ou variedades alotrópicas.

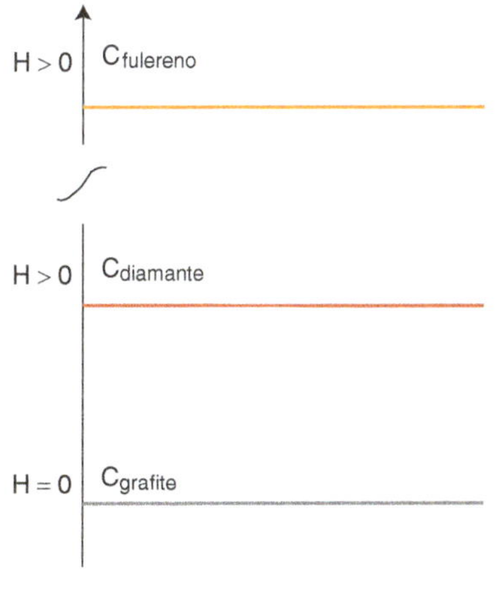

Temperatura

$$H_2(g) + Cl_2(g) \longrightarrow 2\ HCl(g) \qquad \Delta H = -183{,}9\ kJ\ a\ 15\ °C$$
$$H_2(g) + Cl_2(g) \longrightarrow 2\ HCl(g) \qquad \Delta H = -184{,}1\ kJ\ a\ 75\ °C$$

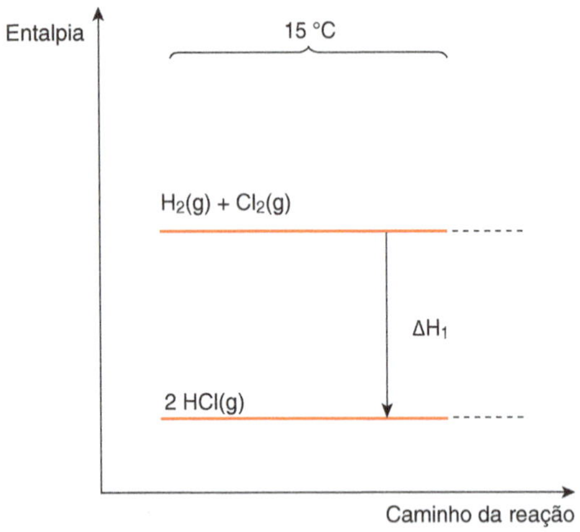

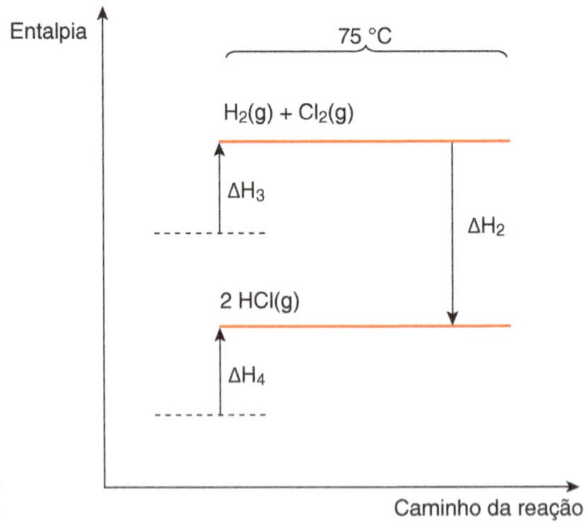

CÁLCULOS DO ΔH DE UMA REAÇÃO

- **Com a aplicação da Lei de Hess:** por meio da soma de equações, determina-se a variação de entalpia de uma reação que na prática não seria possível. *Exemplo:* $C(g) + \frac{1}{2}\ O_2(g) \rightarrow CO(g)$
- **A partir da entalpia de formação:**

$$\Delta H = \Sigma H_{f_{produtos}} - \Sigma H_{f_{reagentes}}$$

- **Com o uso da energia de ligação:** energia de ligação é a energia necessária para quebrar 1 mol de ligações no estado gasoso. Realiza-se o balanço energético:

Reagentes	⟶	**Produtos**
(são quebrados)		(são formados)
processo endotérmico		processo exotérmico
(+)		(−)

$$\Delta H = \underset{(+)}{\Sigma_{\text{ligações quebradas}}} + \underset{(-)}{\Sigma_{\text{ligações formadas}}}$$

TÓPICO 5 – CINÉTICA QUÍMICA

É o estudo da rapidez com que os reagentes se transformam em produtos.

- **Velocidade média da reação:** é a variação da concentração pelo intervalo de tempo em que ocorreu essa variação:

$$v_m = \frac{|\Delta\ \text{quantidade}|}{\Delta\ \text{tempo}}$$

- **Teoria das colisões:** para que ocorra uma reação química é necessário que ocorra uma colisão entre as moléculas dos reagentes. Essa colisão só gerará o produto desejado se as moléculas colidirem com um mínimo de energia cinética e na orientação certa.
- A **velocidade** de uma reação depende:
  - do número de colisões intermoleculares;
  - da energia cinética das moléculas que colidem;
  - da orientação das moléculas na colisão.

- **Energia de ativação (E_a):** energia necessária para dar início a uma reação, originando o complexo ativado, isto é, o início da reação.

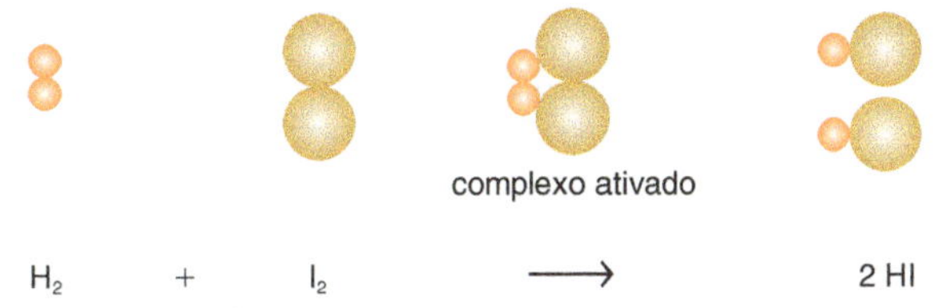

- **Relação entalpia (ΔH) e caminho da reação**

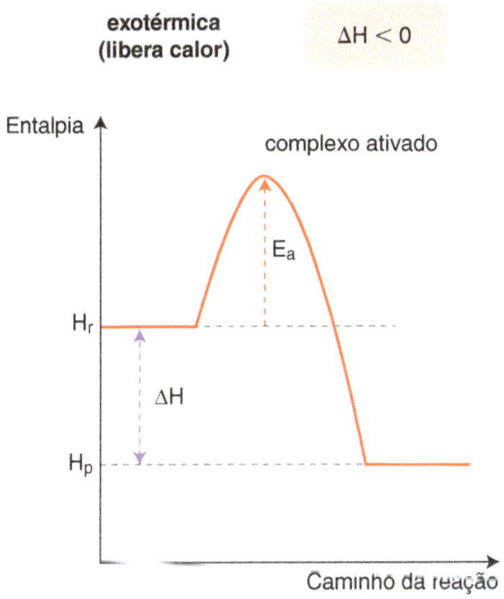

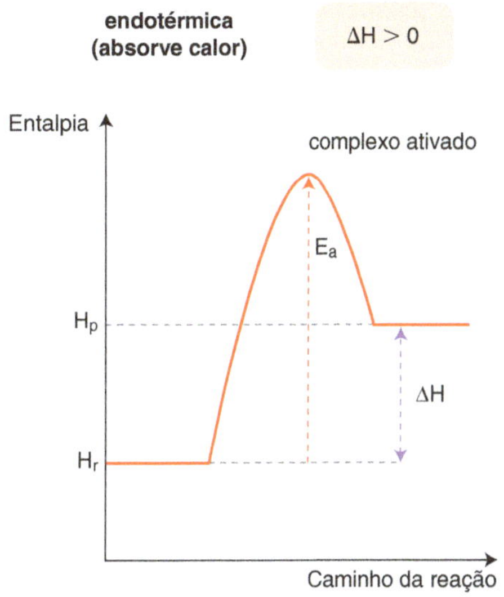

Fatores que alteram a velocidade de uma reação

- **Superfície de contato:** aumentando a área de contato entre os reagentes, aumentamos a velocidade das reações (sólidos devem ser triturados). *Sugestão de vídeo:* http://youtu.be/dVh1fKJrnC0
- **Temperatura:** aumentando a temperatura, aumentamos o número de colisões entre as partículas dos reagentes, facilitando a reação. *Sugestão de vídeo:* http://youtu.be/r_neIEeyeyM
- **Catalisador:** substância utilizada para acelerar a velocidade de uma reação específica, sem ser consumida, diminuindo a energia de ativação. *Sugestão de vídeo:* http://youtu.be/mkJPbROcbM0

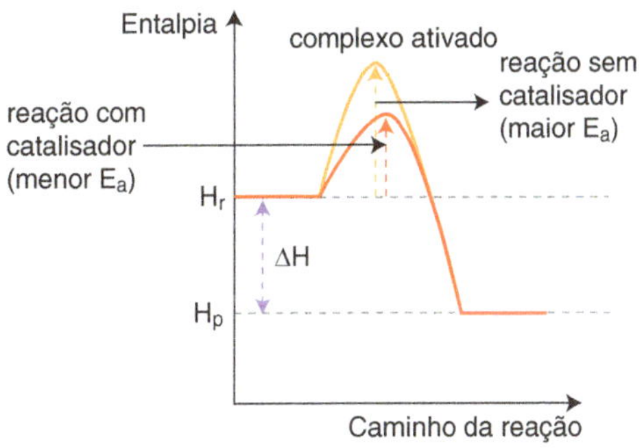

- **Concentração dos reagentes:** maior quantidade de partículas reagentes por unidade de volume facilita as colisões entre essas partículas, aumentando a velocidade da reação.

aumento da concentração dos reagentes → aumento do número de colisões → aumento da velocidade

Equação da velocidade de uma reação elementar: para uma reação elementar, a velocidade da reação é diretamente proporcional ao produto das concentrações de seus reagentes, elevadas aos seus respectivos coeficientes estequiométricos. Assim, dada uma reação genérica:

$$aA + bB \longrightarrow cC$$

temos que:

$$v = k[A]^a \cdot [B]^b$$

em que k é a constante da velocidade obtida experimentalmente; [A] e [B], as concentrações das espécies A e B; e a e b são os coeficientes estequiométricos.

- *Ordem da reação:* igual à soma dos expoentes (a e b).

Velocidade de reações em etapas (não elementares): a velocidade será determinada pela etapa mais lenta do processo (determinada experimentalmente).

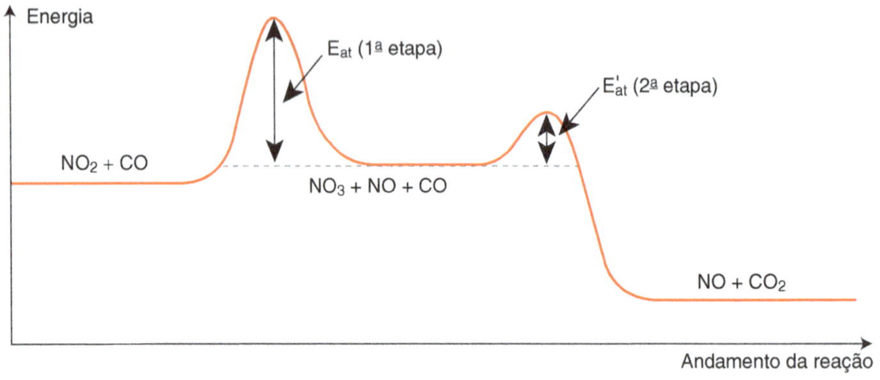

TÓPICO 6 – Equilíbrio químico

Reações reversíveis, em sistema fechado; no instante em que as velocidades das reações direta e inversa se igualam, o sistema atinge o **equilíbrio químico**.

$$N_2O_4(g) \rightleftarrows 2\,NO_2(g)$$

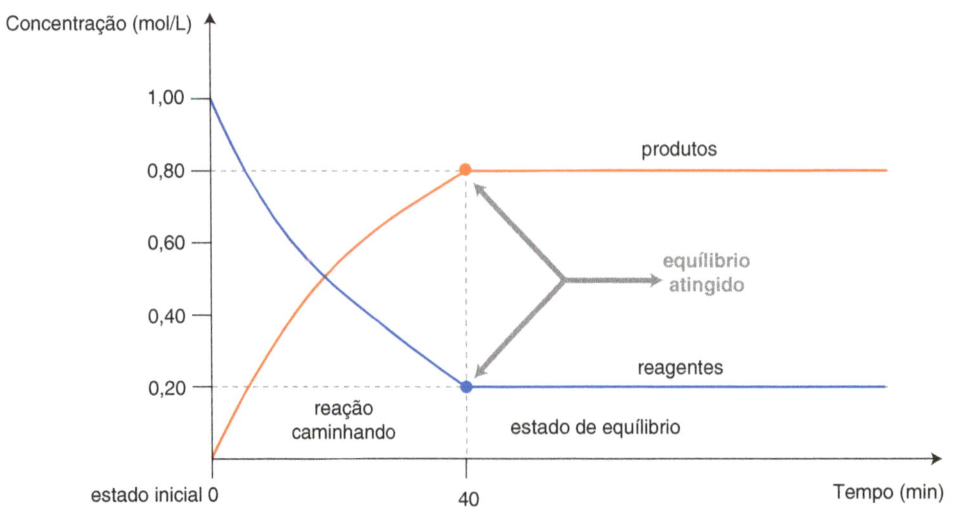

➡ No equilíbrio químico, as concentrações de reagentes e produtos permanecem constantes, mas não necessariamente iguais.

$$N_2O_4(g) \rightleftharpoons 2\,NO_2(g)$$

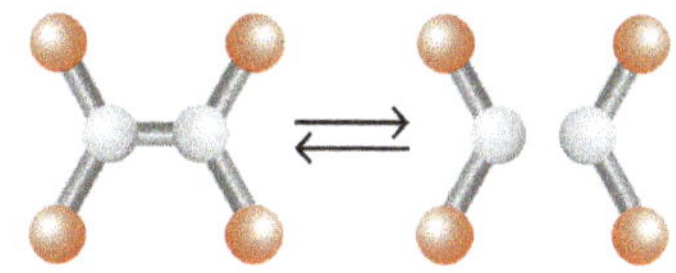

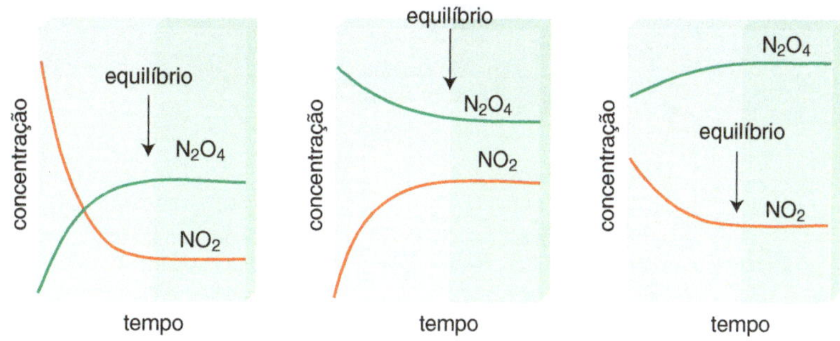

início NO_2 | início N_2O_4 | início NO_2 e N_2O_4

➡ Constante de equilíbrio químico em função das concentrações, em mol/L, Kc, é dada por:

$$K_c = \frac{[\text{produtos}]}{[\text{reagentes}]}$$

Dada uma reação química reversível genérica:

$$aA + bB \rightleftharpoons cC + dD$$

temos:

$$K_c = \frac{[C]^c \times [D]^d}{[A]^a \times [B]^b}$$

- ❖ K >> 1 reação favorável a produtos, portanto a concentração dos produtos maior do que a dos reagentes.
- ❖ K << 1 reação favorável a reagentes, portanto a concentração dos reagentes é maior do que a dos produtos.

➡ O valor da K_c depende **somente** da temperatura.

➡ Líquidos e sólidos puros não constam na expressão da constante de equilíbrio.

➡ A constante de equilíbrio também pode ser expressa em termos das pressões parciais, K_p:

$$K_p = \frac{p^cC \times p^dD}{p^aA \times p^bB}$$ (para reações em fase gasosa)

➡ **Deslocamento de equilíbrio químico** (princípio de Le Chatelier). São três os fatores que promovem o deslocamento de um equilíbrio químico:

- ❖ *Temperatura:*

aumento da temperatura → favorece a reação endotérmica

diminuição da temperatura → favorece a reação exotérmica

❖ *Pressão:*

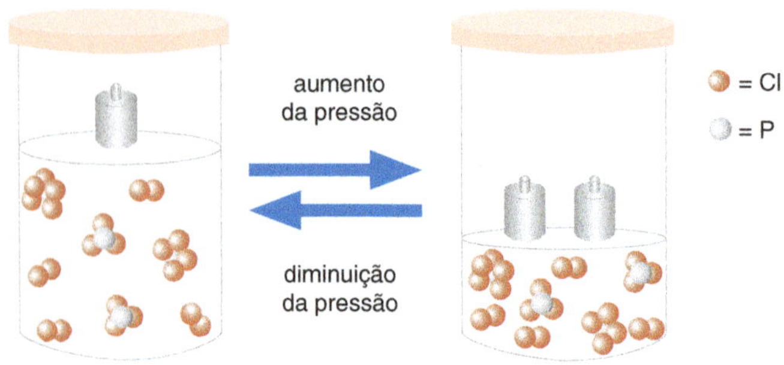

aumento da pressão → deslocamento do equilíbrio para o lado de menor volume (menor número de mol)

diminuição da pressão → deslocamento do equilíbrio para o lado de menor volume (menor número de mol)

❖ *Concentração:*

adição de reagentes ou produtos ↓ deslocamento no sentido oposto ao do membro em que ocorreu a adição

diminuição de reagentes ou produtos ↓ deslocamento no sentido do membro em que ocorreu a retirada

Observação: catalisador não desloca equilíbrio químico, apenas faz o equilíbrio ser atingido mais rapidamente.

TÓPICO 7 – EQUILÍBRIO IÔNICO

- Participam íons.
- Relação entre força de ácidos e a constante de equilíbrio:

$\uparrow K_a$ $\uparrow$ força

$\downarrow pK_a$ $\uparrow$ força

Força de alguns ácidos.

ÁCIDO	FÓRMULA	BASE CONJUGADA	K_a (25 °C)	pK_a (25 °C)
fluorídrico	HF	F^-	$7{,}2 \times 10^{-4}$	3,1
nitroso	HNO_2	NO_2^-	$4{,}5 \times 10^{-4}$	3,3
fórmico	HCOOH	$HCOO^-$	$1{,}8 \times 10^{-4}$	3,7
acético	CH_3COOH	CH_3COO^-	$1{,}8 \times 10^{-5}$	4,7
cianídrico	HCN	CN^-	5×10^{-10}	9,3

ácido forte $\rightleftarrows$ base conjugada fraca

$\uparrow K_a \downarrow pK_a$

- **Diluição de Ostwald para ácidos e bases fracos:**

$$K = M\alpha^2$$
eletrólito fraco $\alpha < 5\%$

diluição
$$K = \downarrow M\alpha^2 \uparrow$$

$$[H^+] = M\alpha \qquad [H^+] = \sqrt{KM}$$ "Casa do Kim"

- **Efeito do íon comum:** a adição de um íon que já se encontra no equilíbrio corresponde a uma aplicação do princípio de Le Chatelier.

TÓPICO 8 – pH e pOH

- **Equilíbrio iônico da água:**
  - *Teoria de Arrhenius* – ionização da molécula de água.

$$H_2O \rightleftarrows H^+ + OH^-$$

  - *Teoria de Brönsted-Lowry* – transferência de próton.

$$H_2O + H_2O \overset{H^+}{\rightleftarrows} H_3O^+ + OH^-$$

- **Constante de equilíbrio da água (Kw):**

$$Kw = [H^+]\,[OH^-]$$

A 25 °C, temos: $Kw = [H^+]\,[OH^-] \;\therefore\; Kw = 10^{-7} \cdot 10^{-7} = 10^{-14}$.

A constante aumenta de valor à medida que a temperatura da água também aumenta.

- $pH = -\log[H^+]$ e $pOH = -\log[OH^-]$
  $pH + pOH = 14$
  $\uparrow [H^+] \longrightarrow \downarrow pH$
- **Água pura ou meio neutro:** $[H^+] = [OH^-] = 10^{-7}$ mol/L $\longrightarrow$ pH = 7
- **Meio ácido:** $[H^+] > 10^{-7}$ mol/L e $[OH^-] < 10^{-7}$ mol/L $\longrightarrow$ pH < 7
- **Meio básico:** $[H^+] < 10^{-7}$ mol/L e $[OH^-] > 10^{-7}$ mol/L $\longrightarrow$ pH > 7

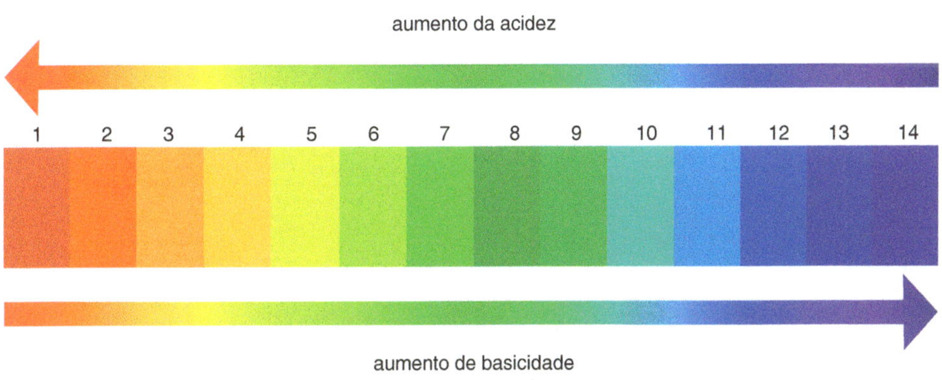

DESIGNMAESTRO/SHUTTERSTOCK

TÓPICO 9 – Hidrólise salina

Processo em que o(s) cátion(s) e/ou ânion(s) proveniente(s) da dissociação de um sal reage(m) com a água, deslocando o equilíbrio de autoionização da água. Dependendo do cátion e do ânion, a solução resultante pode ser **ácida**, **básica** ou **neutra**.

➡ **Constante de hidrólise (Kh):** é a constante de ionização da água dividida pela constante ácida ou básica do íon que está sofrendo hidrólise.

$$Kh = \frac{Kw}{K_a}$$

em que K_a é a constante de acidez.

➡ **Caráter ácido-base de uma solução aquosa de sal:**

❖ sal de *ácido forte* e base fraca: solução **ácida**.

$$NH_4^+(aq) + H_2O(l) \rightleftarrows NH_3(aq) + H_3O^+(aq)$$

➡ sal de ácido fraco e *base forte*: solução **básica**.

$$CO_3^{2-}(aq) + H_2O(l) \rightleftarrows HCO_3^-(aq) + OH^-(aq)$$

❖ sal de ácido fraco e base fraca:

(a) se $K_a > K_b$: solução **ácida**. (b) se $K_a < K_b$: solução **básica**. (c) se $K_a = K_b$: solução **neutra**.

❖ sal de *ácido forte* e base forte: solução **neutra**.

TÓPICO 10 – Solubilidade

➡ **Solubilidade** ou **coeficiente de solubilidade** é a máxima quantidade dissolvida de uma substância em uma dada quantidade de água, mantida à temperatura constante, originando uma solução saturada.

➡ **Dissolução exotérmica:**

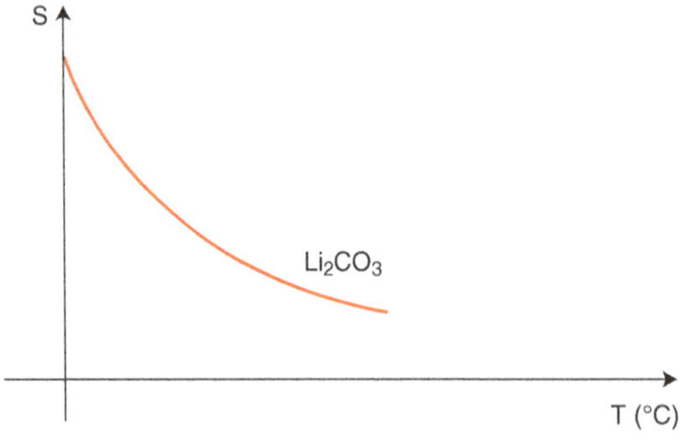

➡ **Dissolução endotérmica:**

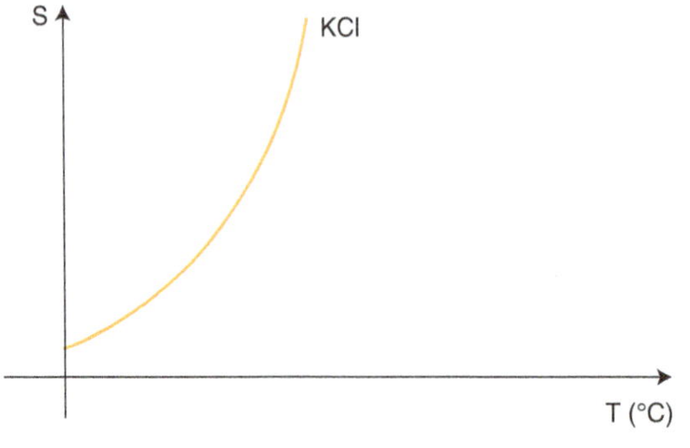

➡ **Dissolução atérmica:**

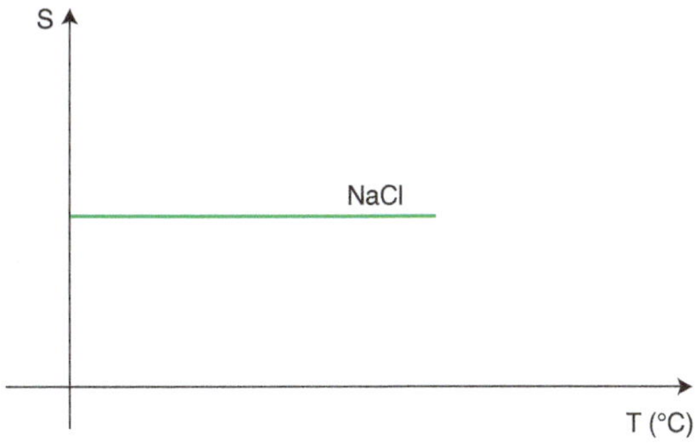

➡ **Dissolução de gases:** processo exotérmico.

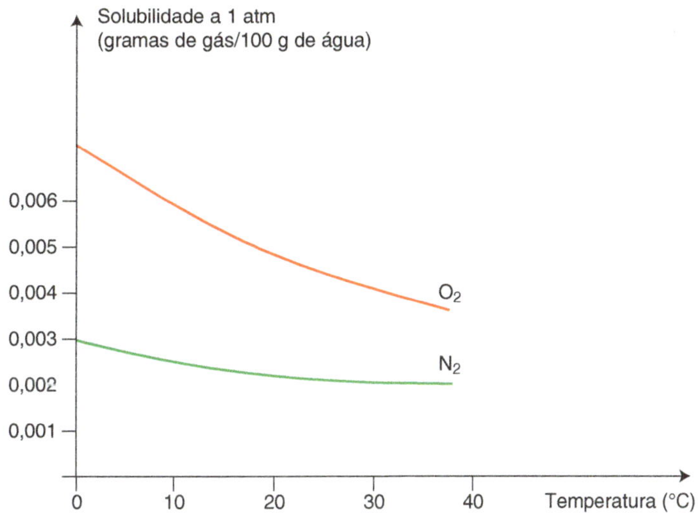

➡ **Constante de solubilidade (K_s):** dado um sal, por exemplo, o AgCl, temos: $K_s = [Ag^+] . [Cl^-]$, sendo $[Ag^+]$ e $[Cl^-]$ as concentrações presentes no equilíbrio, ou seja, quando a solução está saturada.

TÓPICO 11 – PILHAS OU CELAS GALVÂNICAS

Célula voltaica, popularmente conhecida como *pilha*, ou **cela galvânica** é uma reação de oxirredução espontânea que produz corrente elétrica. Para produzir corrente elétrica, o agente redutor (na reação a seguir, o Zn) deve estar separado do agente oxidante (na reação a seguir, o Cu^{2+}).

$$\underset{0}{Zn} + \underset{+2}{CuSO_4} \longrightarrow \underset{+2}{ZnSO_4} + \underset{0}{Cu}$$

oxidação (Zn: 0 → +2)

redução (Cu: +2 → 0)

PILHA DE DANIELL

Em uma pilha de Daniell é preciso observar que:

1. o metal mais reativo sofre oxidação e o cátion do metal menos reativo sofre redução;

2. o fluxo de elétrons na pilha vai do eletrodo mais reativo para o menos reativo;

3. o sentido da corrente elétrica é o contrário do sentido do fluxo de elétrons;

4. na ponte salina temos a formação de uma corrente iônica. Sua função é manter o equilíbrio de carga nas duas soluções.

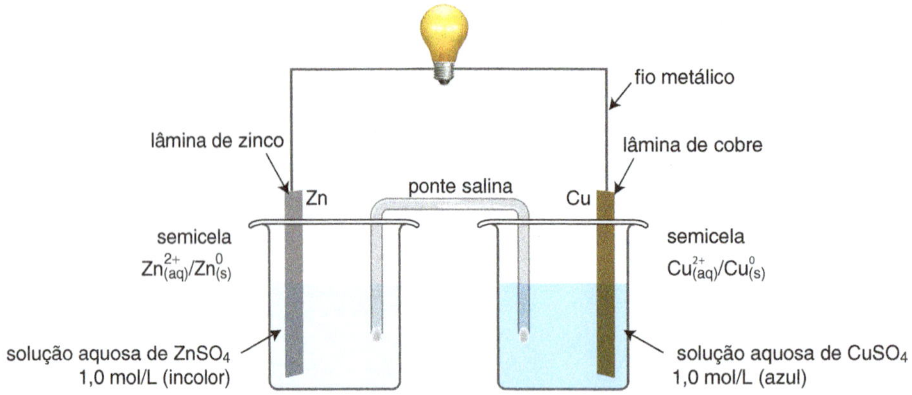

A pilha formada entre o eletrodo de zinco e o de cobre é chamada de pilha de Daniell.

Como o cobre apresenta maior potencial de redução, ele vai receber elétrons (sofre redução) e o zinco vai doar elétrons (sofre oxidação). Então, teremos:

- **Sentido dos elétrons:** os elétrons vão do eletrodo de zinco (menor E_{red}) para o de cobre (maior E_{red}).
- **Polos da pilha:**
  - positivo (*catodo*): apresenta maior E_{red} (Cu)
  - negativo (*anodo*): apresenta menor E_{red} (Zn)
- **Variação de massa nas placas:**
  - placa de menor E_{red} diminui: Zn.
  - placa de maior E_{red} aumenta: Cu.
- **Equação global da pilha:**

$$Zn(s) + Cu^{2+}(aq) \longrightarrow Zn^{2+}(aq) + Cu(s)$$

Observe:

$$\begin{array}{ll} Zn \longrightarrow Zn^{2+} + 2e^- & E^0 = +0,76V \\ Cu^{2+} + 2e^- \longrightarrow Cu & E^0 = +0,34V \\ \hline Zn + Cu^{2+} \longrightarrow Zn^{2+} + Cu & \Delta E^0 = +1,10V \end{array}$$

- **Fila de reatividade dos metais:**

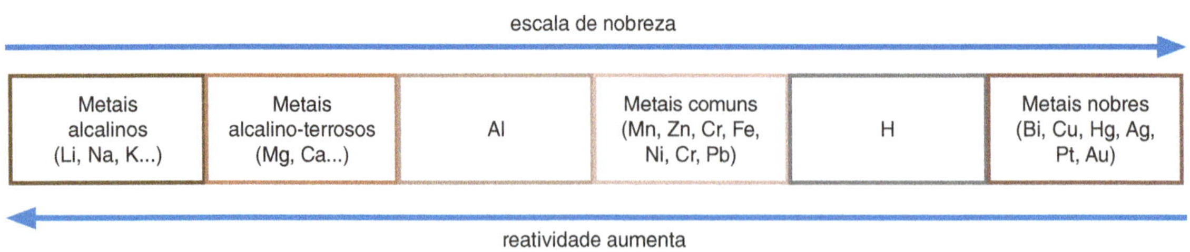

- **Convenções na pilha:**
  - *polo negativo* – eletrodo que perde elétrons (eletrodo de metal mais reativo);
  - *polo positivo* – eletrodo que recebe elétrons (eletrodo de metal menos reativo);
  - *anodo* – ocorre oxidação;
  - *catodo* – ocorre redução.
- **Cálculo da ddp de uma pilha:**

$$\Delta E = E_{red}(\text{maior}) - E_{red}(\text{menor})$$

TÓPICO 12 – ELETRÓLISE

É uma reação de oxirredução provocada pela passagem da corrente elétrica proveniente de um gerador.

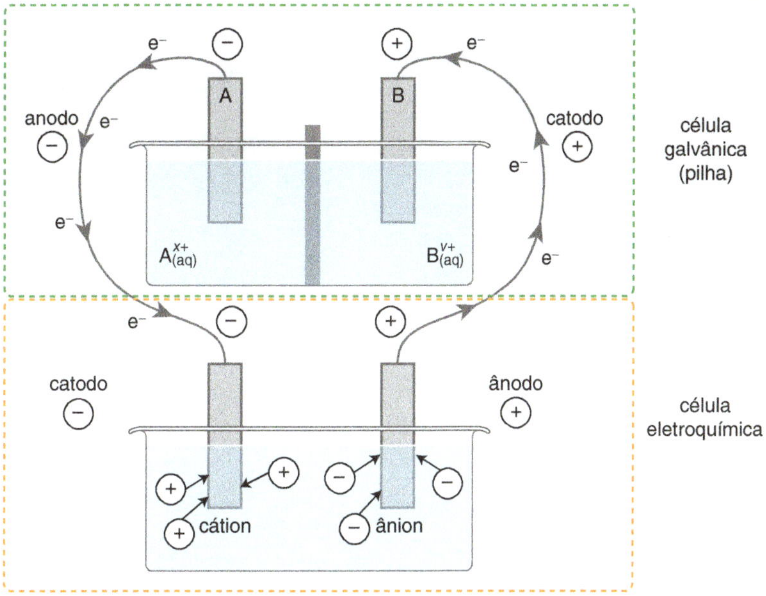

Pilha e eletrólise envolvem fenômenos **inversos**.

- **Eletrólise ígnea:** substância iônica é fundida para produzir íons livres. *Exemplo:* NaCl

Fusão:	$NaCl(s) \longrightarrow Na^+(l) + Cl^-(l)$	Anodo:	$2\,Cl^-(l) \longrightarrow Cl_2(g) + 2e^-$
Catodo:	$Na^+(l) + e^- \longrightarrow Na(s) \quad (\times 2)$	Global:	$Na^+(l) + 2\,Cl^-(l) \longrightarrow Na(s) + Cl_2(g)$

- **Eletrólise aquosa:** substância iônica é dissolvida para produzir íons livres. Nesse caso, a água pode participar das reações; logo, deve se observar a facilidade de descarga no catodo e no anodo:
  - facilidade de descarga no **CATODO** (eletrodo negativo):

Cu^{2+}, Zn^{2+}, Cr^{3+}, Ag^+, H^+, Fe^{2+}, Sn^{2+}	H_2O	Li^+, Na^+, Ca^{2+}, Al^{3+}
Sofrem redução na presença de água.		**Não** sofrem redução na presença de água.

  - facilidade de descarga no **ANODO** (eletrodo negativo):

ânions não oxigenados (Cl^-, Br^-, I^-)	H_2O	F^- e ânions oxigenados (SO_4^{2+}, NO_3^-, PO_4^{3-})
Sofrem redução na presença de água.		**Não** sofrem redução na presença de água.

- **Tipos de eletrodo:**
  - *inerte* – atua apenas como transportador de elétrons, não sofrendo qualquer alteração durante o processo eletrolítico;
  - *ativo* – sofre corrosão durante o processo eletrolítico.
- **Eletrólise quantitativa:**

$$Q = i \cdot \Delta t$$

sendo Q a carga em coulombs; i, a corrente em ampères e Δt o intervalo de tempo do processo em segundos.

- **Constante de Faraday (F):** é o módulo da carga elétrica de um mol de elétrons e é igual a 96.500 C (carga de 1 mol de elétrons). *Exemplo:*

$$Ag^+ \;+\; e- \;\longrightarrow\; Ag$$

1 mol de e^- (1 F = 96.500 C) — 1 mol de Ag

EXERCÍCIOS

1. **TÓPICO 1 – Densidade.** (FUVEST) Uma usina de reciclagem de plástico recebeu um lote de raspas de dois tipos de plástico, um deles com densidade 1,10 kg/L e outro com densidade 1,14 kg/L. Para efetuar a separação dos dois tipos de plástico, foi necessário preparar 1.000 L de uma solução de densidade apropriada, misturando-se volumes adequados de água (densidade = 1,00 kg/L) e de uma solução aquosa de NaCl, disponível no almoxarifado da usina, de densidade 1,25 kg/L. Esses volumes, em litros, podem ser, respectivamente,

a) 900 e 100.
b) 800 e 200.
c) 500 e 500.
d) 200 e 800.
e) 100 e 900.

2. **TÓPICO 1 – Densidade.** (UNICAMP) Na readequação de alguns estádios de futebol, por conta de uma atitude ecológica coerente, milhares de assentos serão produzidos a partir de garrafas PET. Para cada assento serão necessárias cerca de 100 garrafas PET de capacidade de 600 mL e massa de 18 g cada uma. Pode-se afirmar que a redução de volume do material reaproveitado para a fabricação dos assentos será aproximadamente igual a:

Dados: densidade do PET = 1,3 g/cm³. Considere que no reaproveitamento do PET não ocorre perda de massa e que o volume externo da garrafa é de 600 mL.

a) 2,3%
b) 33,3%
c) 97,7%
d) 66,6%

3. **TÓPICO 1 – Solução.** (UNESP) O soro fisiológico é uma das soluções mais utilizadas na área de saúde. Consiste em uma solução aquosa de cloreto de sódio NaCl 0,9% em massa por volume, que equivale à concentração 0,15 mol · L^{-1}. Dispondo de uma solução estoque de NaCl 0,50 mol · L^{-1}, o volume necessário dessa solução, em mL, para preparar 250 mL de soro fisiológico será igual a

a) 15
b) 100
c) 25
d) 75
e) 50

4. **TÓPICO 1 – Soluções.** (FUVEST) Água e etanol misturam-se completamente, em quaisquer proporções. Observa-se que o volume final da mistura é menor do que a soma dos volumes de etanol e de água empregados para prepará-la. O gráfico a seguir mostra como a densidade varia em função da porcentagem de etanol (em volume) empregado para preparar a mistura (densidades medidas a 20 °C).

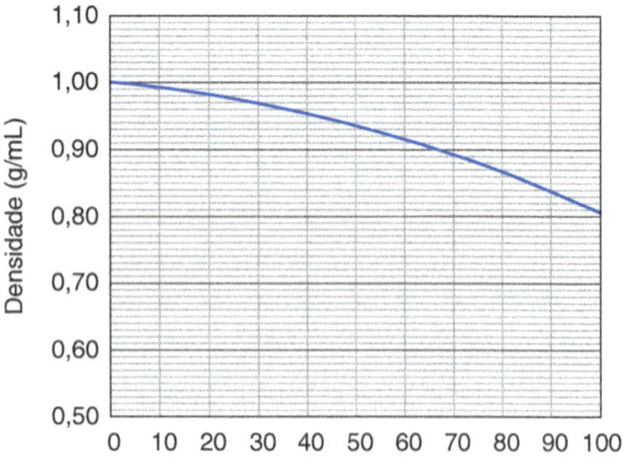

Se 50 mL de etanol forem misturados a 50 mL de água, a 20 °C, o volume da mistura resultante, a essa mesma temperatura, será de, aproximadamente:

a) 76 mL
b) 79 mL
c) 86 mL
d) 89 mL
e) 96 mL

5. **TÓPICO 1 – Solução.** (FUVEST) A porcentagem em massa de sais no sangue é de aproximadamente 0,9%. Em um experimento, alguns glóbulos vermelhos de uma amostra de sangue foram coletados e separados em três grupos. Foram preparadas três soluções, identificadas por X, Y e Z, cada qual com uma diferente concentração salina. A cada uma dessas soluções foi adicionado um grupo de glóbulos vermelhos. Para cada solução, acompanhou-se, ao longo do tempo, o volume de um glóbulo vermelho, como mostra o gráfico.

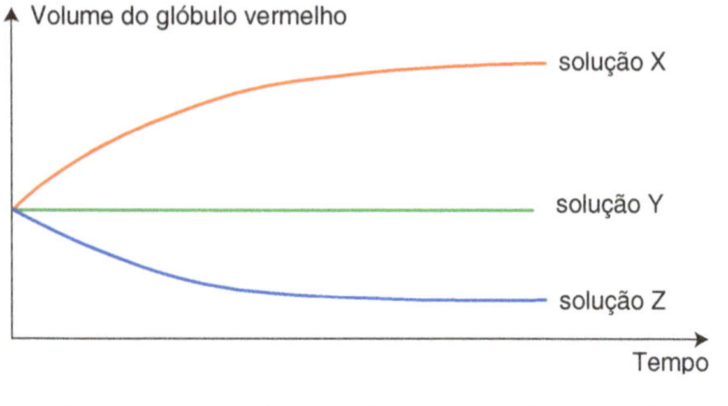

Com base nos resultados desse experimento, é correto afirmar que:

a) a porcentagem em massa de sal, na solução Z, é menor do que 0,9%.

b) a porcentagem em massa de sal é maior na solução Y do que na solução X.
c) a solução Y e a água destilada são isotônicas.
d) a solução X e o sangue são isotônicos.
e) a adição de mais sal à solução Z fará com que ela e a solução X fiquem isotônicas.

6. TÓPICO 1 – Solução e evaporação. (UNICAMP) O controle da umidade do solo, através da irrigação, pode contribuir substancialmente para a melhoria de rendimento da produção de algodão no Nordeste do Brasil, permitindo a sua produção, principalmente nas áreas semiáridas da região. No entanto, o uso da irrigação implica necessariamente a acumulação gradativa de sais na superfície do solo, o que pode trazer reflexos negativos sobre a produção agrícola.

Adaptado de: <http://www.cbmamona.com.br//pdfs/IRR-05.pdf>. *Acesso em:* 1º jul. 2012.

Desse texto, pode-se inferir que os sais dissolvidos na água da irrigação se acumulam na superfície do solo em função:

a) da rápida filtração da água de irrigação, pois no Nordeste o solo é muito arenoso e as chuvas são escassas.
b) da sublimação da água de irrigação, após a água se transformar nos gases H_2 e O_2, devido à alta temperatura na superfície.
c) da sublimação da água de irrigação, associada à escassez de chuva no Nordeste.
d) da evaporação da água de irrigação e da escassez de chuva no Nordeste.

7. TÓPICO 3 – Propriedades coligativas. (FUVEST) A adição de um soluto à água altera a temperatura de ebulição desse solvente. Para quantificar essa variação em função da concentração e da natureza do soluto, foram feitos experimentos cujos resultados são apresentados a seguir. Analisando a tabela, observa-se que a variação de temperatura de ebulição é função da concentração de moléculas ou íons de soluto dispersos na solução.

VOLUME DE ÁGUA (L)	SOLUTO	QUANTIDADE DE MATÉRIA DE SOLUTO (MOL)	TEMPERATURA DE EBULIÇÃO (°C)
1	–	–	100,00
1	NaCl	0,5	100,50
1	NaCl	1,0	101,00
1	sacarose	0,5	100,25
1	$CaCl_2$	0,5	100,75

Dois novos experimentos foram realizados, adicionando-se 1 mol de Na_2SO_4 a 1 L de água (experimento A) e 1,0 mol de glicose a 0,5 L de água (experimento B). Considere que os resultados desses novos experimentos tenham sido consistentes com os experimentos descritos na tabela. Assim sendo, as temperaturas de ebulição da água, em °C, nas soluções dos experimentos A e B, foram, respectivamente, de:

a) 100,25 e 100,25.
b) 100,75 e 100,25.
c) 100,75 e 100,50.
d) 101,50 e 101,00.
e) 101,50 e 100,50.

8. TÓPICO 4 – Termoquímica e reações químicas. (UNESP) A areia comum tem como constituinte principal o mineral quartzo (SiO_2), a partir do qual pode ser obtido o silício, que é utilizado na fabricação de *microchips*.

A obtenção do silício para uso na fabricação de processadores envolve uma série de etapas. Na primeira, obtém-se o silício metalúrgico, por reação do óxido com coque, em forno de arco elétrico, à temperatura superior a 1.900 °C. Uma das equações que descrevem o processo de obtenção do silício é apresentada a seguir:

$$SiO_2(s) + 2\,C(s) \longrightarrow Si(l) + 2\,CO(g)$$

Dados: ΔH_f^0 $(S_iO_2) = -910{,}9$ kJ/mol e $\Delta H_f^0(CO) = -110{,}5$ kJ/mol.

De acordo com as informações do texto, é correto afirmar que o processo descrito para a obtenção do silício metalúrgico corresponde a uma reação:

a) endotérmica e de oxirredução, na qual o Si^{4+} é reduzido a Si.
b) espontânea, na qual ocorre a combustão do carbono.
c) exotérmica, na qual ocorre a substituição do Si por C.
d) exotérmica, na qual ocorre a redução do óxido de silício.
e) endotérmica e de dupla-troca.

9. TÓPICO 4 – Lei de Hess. (UNESP) Insumo essencial na indústria de tintas, o dióxido de titânio sólido puro (TiO_2) pode ser obtido a partir de minérios com teor aproximado de 70% em TiO_2 que, após moagem, é submetido à seguinte sequência de etapas:

I. aquecimento com carvão sólido:

$$TiO_2(s) + C(s) \longrightarrow Ti(s) + CO_2(g) \qquad \Delta H \text{ reação} = +550 \text{ kJ} \cdot mol^{-1}$$

II. reação do titânio metálico com cloro molecular gasoso:

$$Ti(s) + 2\,Cl_2(g) \longrightarrow TiCl_4(l) \qquad \Delta H \text{ reação} = -804 \text{ kJ} \cdot mol^{-1}$$

III. reação do cloreto de titânio líquido com oxigênio molecular gasoso:

$$TiCl_4(l) + O_2(g) \longrightarrow TiO_2(s) + 2\,Cl_2(g) \qquad \Delta H \text{ reação} = -140 \text{ kJ} \cdot mol^{-1}$$

Considerando as etapas I e II do processo, é correto afirmar que a reação para produção de 1 mol de $TiCl_4(l)$ a partir de $TiO_2(s)$ é:

a) exotérmica, ocorrendo liberação de 1.354 kJ.
b) exotérmica, ocorrendo liberação de 254 kJ.
c) endotérmica, ocorrendo absorção de 254 kJ.
d) endotérmica, ocorrendo absorção de 1.354 kJ.
e) exotérmica, ocorrendo liberação de 804 kJ.

10. TÓPICO 4 – Termoquímica. (FUVEST) A partir de considerações teóricas, foi feita uma estimativa do poder calorífico (isto é, da quantidade de calor liberada na combustão completa de 1 kg de combustível) de grande número de hidrocarbonetos. Dessa maneira, foi obtido o seguinte gráfico de valores teóricos:

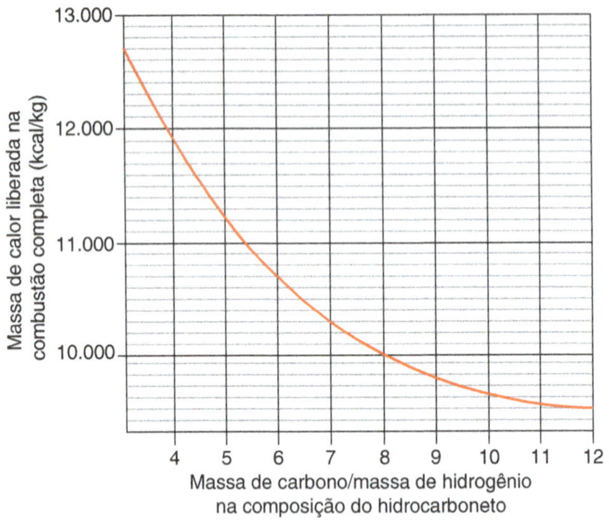

Com base no gráfico, um hidrocarboneto que libera 10.700 kcal/kg em sua combustão completa pode ser representado pela fórmula:

Dados: massas molares (g/mol) de C = 12,0 e de H = 1,00.

a) CH_4
b) C_2H_4
c) C_4H_{10}
d) C_5H_8
e) C_6H_6

11. TÓPICO 4 – Termoquímica – Lei de Hess. (FUVEST) O monóxido de nitrogênio (NO) pode ser produzido diretamente a partir de dois gases que são os principais constituintes do ar atmosférico por meio da reação representada por:

$N_2(g) + O_2(g) \longrightarrow 2\ NO(g) \qquad \Delta H = +180\ kJ$

O NO pode ser oxidado, formando o dióxido de nitrogênio (NO_2), um poluente atmosférico produzido nos motores a explosão:

$2\ NO(g) + O_2(g) \longrightarrow 2\ NO_2(g) \qquad \Delta H = -114\ kJ$

Tal poluente pode ser decomposto nos gases N_2 e O_2:

$$2\ NO_2(g) \longrightarrow N_2(g) + 2\ O_2(g)$$

Essa última transformação:

a) libera quantidade de energia maior do que 114 kJ.
b) libera quantidade de energia menor do que 114 kJ.
c) absorve quantidade de energia maior do que 114 kJ.
d) absorve quantidade de energia menor do que 114 kJ.
e) ocorre sem que haja liberação ou absorção de energia.

12. TÓPICO 5 – Cinética química. (FUVEST) Quando certos metais são colocados em contato com soluções ácidas, pode haver formação de gás hidrogênio. Abaixo, segue uma tabela elaborada por uma estudante de Química, contendo resultados de experimentos que ela realizou em diferentes condições.

EXPERIMENTO	REAGENTES		TEMPO PARA LIBERAR 30 mL DE H_2	OBSERVAÇÕES
	Solução de HCl (aq) de concentração 0,2 mol/L	Metal		
1	200 mL	1,0 g de Zn (raspas)	30 s	liberação de H_2 e calor
2	200 mL	1,0 g de Cu (fio)	não liberou H_2	sem alterações
3	200 mL	1,0 g de Zn (pó)	18 s	liberação de H_2 e calor
4	200 mL	1,0 g de Zn (raspas) + + 1,0 g de Cu (fio)	8 s	liberação de H_2 e calor, massa de Cu não se alterou

Após realizar esses experimentos, a estudante fez três afirmações:

I. A velocidade da reação de Zn com ácido aumenta na presença de Cu.
II. O aumento na concentração inicial do ácido causa o aumento da velocidade de liberação do gás H_2.
III. Os resultados dos experimentos 1 e 3 mostram que, quanto maior o quociente superfície de contato/massa total de amostra de Zn, maior a velocidade de reação.

Com os dados contidos na tabela, a estudante somente poderia concluir o que se afirma em:

a) I.
b) II.
c) I e II.
d) I e III.
e) II e III.

13. TÓPICO 4 – Termoquímica – energia de ligação. (UNICAMP) No funcionamento de um motor, a energia envolvida na combustão do n-octano promove a expansão dos gases e também o aquecimento do motor. Assim, conclui-se que a soma das energias envolvidas na formação de todas as ligações químicas é:

a) maior que a soma das energias envolvidas no rompimento de todas as ligações químicas, o que faz o processo ser endotérmico.
b) menor que a soma das energias envolvidas no rompimento de todas as ligações químicas, o que faz o processo ser exotérmico.
c) maior que a soma das energias envolvidas no rompimento de todas as ligações químicas, o que faz o processo ser exotérmico.
d) menor que a soma das energias envolvidas no rompimento de todas as ligações químicas, o que faz o processo ser endotérmico.

14. TÓPICO 5 – Cinética química. (UNESP) Em um laboratório de Química, dois estudantes realizam um experimento com o objetivo de determinar a velocidade da reação apresentada a seguir.

$$MgCO_3(s) + 2\,HCl(aq) \longrightarrow MgCl_2(aq) + H_2O(l) + CO_2(g)$$

Sabendo que a reação ocorre em um sistema aberto, o parâmetro do meio reacional que deverá ser considerado para a determinação da velocidade dessa reação é:

a) a diminuição da concentração de íons Mg^{2+}.
b) o teor de umidade no interior do sistema.
c) a diminuição da massa total do sistema.
d) a variação da concentração de íons Cl^-.
e) a elevação da pressão do sistema.

15. TÓPICO 6 – Deslocamento de equilíbrio. (UNESP) Para a produção de energia, os mamíferos oxidam compostos de carbono nos tecidos, produzindo dióxido de carbono gasoso, $CO_2(g)$, como principal subproduto. O principal meio de remoção do $CO_2(g)$ gerado nos tecidos envolve sua dissolução em água, seguida da reação do gás dissolvido com a água, sob a ação de um catalisador biológico, a enzima anidrase carbônica, como representado a seguir.

$$H_2O + CO_2(g) \rightleftharpoons CO_2(aq) + \text{calor} \quad \text{(etapa 1)}$$

$$CO_2(aq) + H_2O(l) \xrightleftharpoons{\text{catalisador biológico}} HCO_3^-(aq) + H^+(aq) \quad \text{(etapa 2)}$$

A respeito desse processo, é correto afirmar que:

a) a reação de formação de $HCO_3^-(aq)$ na etapa 2 só ocorre na presença do catalisador biológico.
b) a concentração de $CO_2(aq)$ não influi na acidez do meio.
c) a concentração de $H^+(aq)$ aumenta com a elevação da temperatura.
d) a concentração de $H^+(aq)$ não varia com a elevação da temperatura.
e) o aumento da concentração de $CO_2(aq)$ aumenta a acidez do meio.

16. TÓPICO 6 – Equilíbrio químico. (FUVEST) A isomerização catalítica de parafinas de cadeia não ramificada, produzindo seus isômeros ramificados, é um processo importante na indústria petroquímica. A uma determinada temperatura e pressão, na presença de um catalisador, o equilíbrio

$$\underset{\text{n-butano}}{CH_3CH_2CH_2CH_3(g)} \rightleftharpoons \underset{\text{isobutano}}{(CH_3)_2CHCH_3(g)}$$

é atingido após certo tempo, sendo a constante de equilíbrio igual a 2,5. Nesse processo, partindo exclusivamente de 70,0 g de n-butano, ao se atingir a situação de equilíbrio, *x* gramas de n-butano terão sido convertidos em isobutano. O valor de *x* é:

a) 10,0
b) 20,0
c) 25,0
d) 40,0
e) 50,0

17. TÓPICO 6 – Equilíbrio químico. (FUVEST) A uma determinada temperatura, as substâncias HI, H_2 e I_2 estão no estado gasoso. A essa temperatura, o equilíbrio entre as três substâncias foi estudado, em recipientes fechados, partindo-se de uma mistura equimolar de H_2 e I_2 (experimento A) ou somente de HI (experimento B).

Experimento A

$H_2 + I_2 \rightleftharpoons 2\,HI$ Constante de equilíbrio = K_1

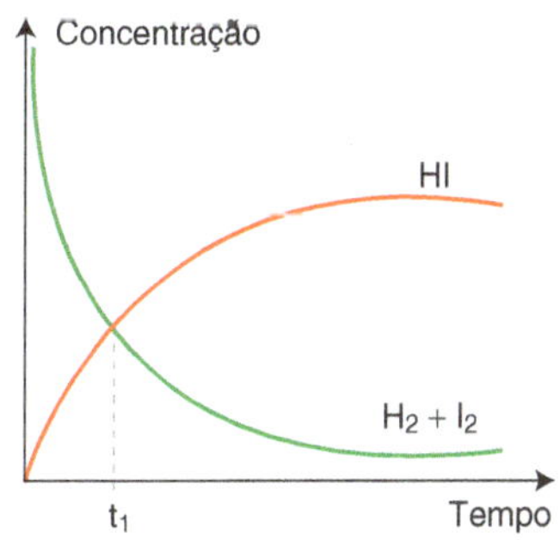

Experimento B

$2\,HI \rightleftharpoons H_2 + I_2$ Constante de equilíbrio = K_2

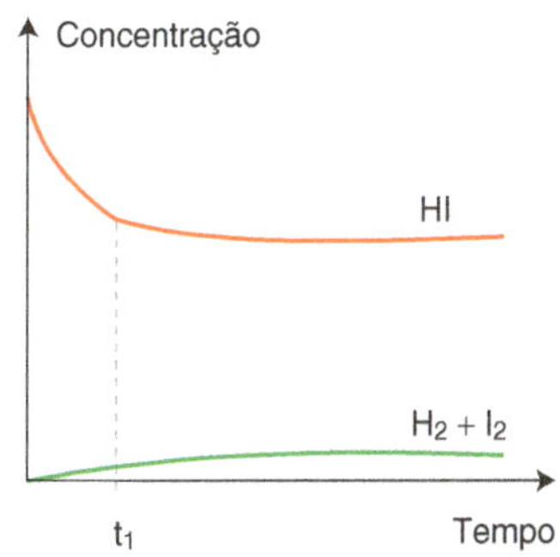

Pela análise dos dois gráficos, pode-se concluir que:

a) no experimento A, ocorre diminuição da pressão total no interior do recipiente, até que o equilíbrio seja atingido.
b) no experimento B, as concentrações das substâncias (HI, H_2 e I_2) são iguais no instante t_1.
c) no experimento A, a velocidade de formação de HI aumenta com o tempo.
d) no experimento B, a quantidade de matéria (em mols) de HI aumenta até que o equilíbrio seja atingido.
e) no experimento A, o valor da constante de equilíbrio (K_1) é maior do que 1.

18. TÓPICO 8 – Reações químicas, pH, condutibilidade. (FUVEST) Em um laboratório químico, um estudante encontrou quatro frascos (1, 2, 3 e 4) contendo soluções aquosas incolores de sacarose, KCl, HCl e NaOH, não necessariamente nessa ordem. Para identificar essas soluções, fez alguns experimentos simples, cujos resultados são apresentados na tabela a seguir.

FRASCO	COR DA SOLUÇÃO COM FENOLFTALEÍNA	CONDUTIBILIDADE ELÉTRICA	REAÇÃO COM $Mg(OH)_2$
1	incolor	conduz	não
2	rosa	conduz	não
3	incolor	conduz	sim
4	incolor	não conduz	não

Dado: soluções aquosas contendo o indicador fenolftaleína são incolores em pH menor do que 8,5 e têm coloração rosa em pH igual a ou maior do que 8,5.

As soluções aquosas nos frascos 1, 2, 3 e 4 são, respectivamente, de:

a) HCl, NaOH, KCl e sacarose.
b) KCl, NaOH, HCl e sacarose.
c) HCl, sacarose, NaOH e KCl.
d) KCl, sacarose, HCl e NaOH.
e) NaOH, HCl, sacarose e KCl.

19. TÓPICO 8 – pH. (FUVEST) O fitoplâncton consiste em um conjunto de organismos microscópicos encontrados em certos ambientes aquáticos. O desenvolvimento desses organismos requer luz e CO_2, para o processo de fotossíntese, e requer também nutrientes contendo os elementos nitrogênio e fósforo.

Considere a tabela que mostra dados de pH e de concentrações de nitrato e de oxigênio dissolvidos na água, para amostras coletadas durante o dia, em dois diferentes pontos (A e B) e em duas épocas do ano (maio e novembro), na represa Billings, em São Paulo.

	pH	CONCENTRAÇÃO DE NITRATO (mg/L)	CONCENTRAÇÃO DE OXIGÊNIO (mg/L)
ponto A (novembro)	9,8	0,14	6,5
ponto B (novembro)	9,1	0,15	5,8
ponto A (maio)	7,3	7,71	5,6
ponto B (maio)	7,4	3,95	5,7

Com base nas informações da tabela e em seus próprios conhecimentos sobre o processo de fotossíntese, um pesquisador registrou três conclusões:

I. Nessas amostras, existe uma forte correlação entre as concentrações de nitrato e de oxigênio dissolvidos na água.
II. As amostras de água coletadas em novembro devem ter menos CO_2 dissolvido do que aquelas coletadas em maio.
III. Se as coletas tivessem sido feitas à noite, o pH das quatro amostras de água seria mais baixo do que o observado.

É correto o que o pesquisador concluiu em:

a) I, apenas.
b) III, apenas.
c) I e II, apenas.
d) II e III, apenas.
e) I, II e III.

20. TÓPICOS 1 e 8 – Solução, concentração e pH. (UNICAMP) Como um químico descreve a cerveja? "Um líquido amarelo, homogêneo enquanto a garrafa está fechada, e uma mistura heterogênea quando a garrafa é aberta. Constitui-se de mais de 8.000 substâncias, entre elas o dióxido de carbono, o etanol e a água. Apresenta um pH entre 4,0 e 4,5, e possui um teor de etanol em torno de 4,5% (v/v)."

Sob a perspectiva do químico, a cerveja:

a) apresenta uma única fase enquanto a garrafa está fechada, tem um caráter ligeiramente básico e contém cerca de 45 gramas de álcool etílico por litro do produto.
b) apresenta duas fases logo após a garrafa ser aberta, tem um caráter ácido e contém cerca de 45 mL de álcool etílico por litro de produto.
c) apresenta uma única fase logo após a garrafa ser aberta, tem um caráter ligeiramente ácido e contém cerca de 45 gramas de álcool etílico por litro de produto.
d) apresenta duas fases quando a garrafa está fechada, tem um caráter ligeiramente básico e contém 45 mL de álcool etílico por 100 mL de produto.

21. TÓPICOS 8 e 9 – Ácido, base, hidrólise e pH. (UNICAMP) Em setembro de 2011, no Rio Grande do Sul, pessoas alegaram ter sofrido queimaduras depois de beberem um achocolatado. Em março de 2013, um caso semelhante voltou a ocorrer, agora com um suco de maçã. Em função de problemas semelhantes durante o processo de higienização, o achocolatado foi contaminado por água sanitária e o suco de maçã substituído por soda cáustica 2,5%.

Pode-se afirmar que, comparados aos produtos não contaminados, os líquidos que causaram problemas aos consumidores apresentavam-se:

a) mais básicos e, portanto, com maiores valores de pH.
b) mais ácidos e, portanto, com maiores valores de pH.
c) mais ácidos e, portanto, com menores valores de pH.
d) mais básicos e, portanto, com menores valores de pH.

22. TÓPICO 11 – Soluções – condutibilidade. (FUVEST) Na década de 1780, o médico italiano Luigi Galvani realizou algumas observações, utilizando rãs recentemente dissecadas. Em um dos experimentos, Galvani tocou dois pontos da musculatura de uma rã com dois arcos de metais diferentes, que estavam em contato entre si, observando uma contração dos músculos, conforme mostra a figura a seguir.

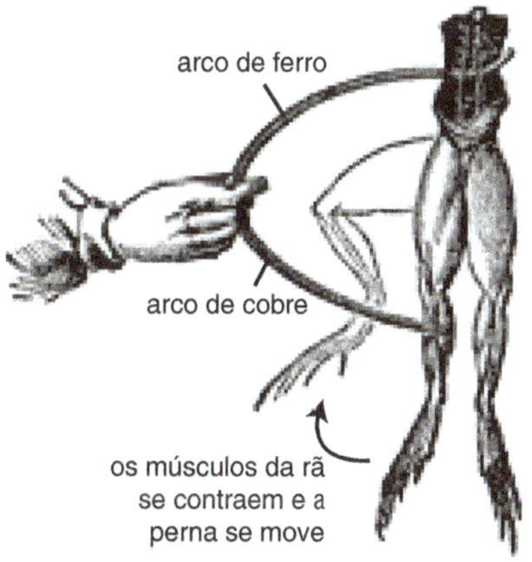

Interpretando essa observação com os conhecimentos atuais, pode-se dizer que as pernas da rã continham soluções diluídas de sais. Pode-se, também, fazer uma analogia entre o fenômeno observado e o funcionamento de uma pilha.

Considerando essas informações, foram feitas as seguintes afirmações:

I. Devido à diferença de potencial entre os dois metais, que estão em contato entre si e em contato com a solução salina da perna da rã, surge uma corrente elétrica.
II. Nos metais, a corrente elétrica consiste em um fluxo de elétrons.
III. Nos músculos da rã, há um fluxo de íons associado ao movimento de contração.

Está correto o que se afirma em:

a) I, apenas.
b) III, apenas.
c) I e II, apenas.
d) II e III, apenas.
e) I, II e III.

23. TÓPICO 11 – Eletroquímica – baterias recarregáveis. (UNICAMP) Desenvolveu-se, recentemente, uma bateria com uma grande capacidade de carga e número de ciclos, além de rapidez de recarga. Simplificadamente, no funcionamento dessa bateria ocorre uma deposição de lítio metálico em um eletrodo de estanho e carbono (Sn/C), enquanto em um eletrodo de carbono e sulfeto de lítio (Li_2S/C) liberam-se o íon lítio e o enxofre elementar.

Considerando essas informações, pode-se afirmar que no funcionamento da bateria ocorre:

a) uma reação de redução no eletrodo de Sn/C e uma reação de oxidação no eletrodo Li_2S/C, e essas reações não se invertem no seu processo de recarga.
b) uma reação de oxidação no eletrodo de Sn/C e uma reação de redução no eletrodo Li_2S/C, e essas reações se invertem no seu processo de recarga.
c) uma reação de oxidação no eletrodo de Sn/C e uma reação de redução no eletrodo Li_2S/C, e essas reações não se invertem no seu processo de recarga.
d) uma reação de redução no eletrodo de Sn/C e uma reação de oxidação no eletrodo Li_2S/C, e essas reações se invertem no seu processo de recarga.

24. TÓPICO 12 – Corrosão. (FUVEST) Para investigar o fenômeno de oxidação do ferro, fez-se o seguinte experimento: no fundo de cada um de dois tubos de ensaio, foi colocada uma amostra de fios de ferro, formando uma espécie de novelo. As duas amostras de ferro tinham a mesma massa. O primeiro tubo foi invertido e mergulhado, até certa altura, em um recipiente contendo água. Com o passar do tempo, observou-se que a água subiu dentro do tubo, atingindo seu nível máximo após vários dias. Nessa situação, mediu-se a diferença (x) entre os níveis da água no tubo e no recipiente. Além disso, observou-se corrosão parcial dos fios de ferro. O segundo tubo foi mergulhado em um recipiente contendo óleo em lugar de água. Nesse caso, observou-se que não houve corrosão visível do ferro e o nível do óleo, dentro e fora do tubo, permaneceu o mesmo.

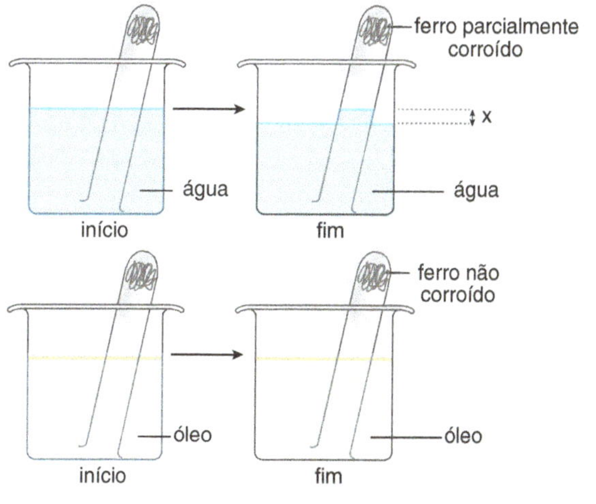

Sobre tal experimento, considere as seguintes afirmações:

I. Com base na variação (x) de altura da coluna de água dentro do primeiro tubo de ensaio, é possível estimar a porcentagem de oxigênio no ar.

II. Se o experimento for repetido com massa maior de fios de ferro, a diferença entre o nível da água no primeiro tubo e no recipiente será maior que x.

III. O segundo tubo foi mergulhado no recipiente com óleo a fim de avaliar a influência da água no processo de corrosão.

Está correto o que se afirma em:

a) I e II, apenas.
b) I e III, apenas.
c) II, apenas.
d) III, apenas.
e) I, II e III.

TÓPICO 12 – Eletroquímica. (UNESP) Leia o texto para responder às questões de números **25** e **26**.

O silício metalúrgico, purificado até atingir 99,99% de pureza, é conhecido como silício eletrônico. Quando cortado em fatias finas, recobertas com cobre por um processo eletrolítico e montadas de maneira interconectada, o silício eletrônico transforma-se em *microchips*.

A figura reproduz uma das últimas etapas da preparação de um *microchip*.

As fatias de silício são colocadas em uma solução de sulfato de cobre. Nesse processo, íons de cobre deslocam-se para a superfície da fatia (catodo), aumentando a sua condutividade elétrica.

Disponível em: <http://umumble.com (adaptado).

25. O processo de recobrimento das fatias de silício é conhecido como:

a) eletrocoagulação.
b) eletrólise ígnea.
c) eletrodeformação.
d) galvanoplastia.
e) anodização.

26. A semirreação na superfície da fatia de silício, catodo, é representada por:

a) $Cu^{2+} + 2\,H_2O \longrightarrow O_2(g) + 4\,H^+ + Cu(s)$
b) $2\,Cu^+ + H_2O \longrightarrow 2\,Cu(s) + H_2O + 2e^-$
c) $2\,SO_2^{4-} \longrightarrow S_2O_8^{2-} + 2e^-$
d) $Si(s) + 4e^- \longrightarrow Si^{4+}(s)$
e) $Cu^{2+} + 2e^- \longrightarrow Cu(s)$

27. TÓPICO 12 – Eletrólise. (UNICAMP) O uso mais popular do cloreto de sódio é na cozinha, onde é utilizado para acrescentar sabor a uma infinidade de alimentos e também como conservante e material de limpeza. É na indústria química, no entanto, que ele é mais consumido. São inúmeros os processos que fazem uso de produtos do processamento desse sal.

O uso industrial do cloreto de sódio se dá principalmente no processo de obtenção de alguns importantes produtos de sua eletrólise em meio aquoso. Simplificadamente, esse processo é feito pela passagem de uma corrente elétrica em uma solução aquosa desse sal. Pode-se afirmar que a partir desse processo, seriam obtidos:

a) gás hidrogênio, gás oxigênio e ácido clorídrico.
b) gás hidrogênio, gás cloro e hidróxido de sódio em solução.
c) gás hidrogênio, gás cloro e ácido clorídrico.
d) gás hidrogênio, gás oxigênio e hidróxido de sódio em solução.

Química Orgânica

TÓPICO 1 – FONTES DE COMPOSTOS ORGÂNICOS

Compostos orgânicos são compostos do carbono, muito comuns e importantes em nossa vida diária, como, por exemplo, os açúcares, os aminoácidos formadores de proteínas, o gás natural, entre outros. Entre as principais fontes de compostos orgânicos destacam-se carvão mineral, petróleo e gás natural.

- **Carvão mineral:** proveniente de vegetais terrestres soterrados há milhões de anos. O calor e a pressão provocam transformações na massa vegetal, transformando-a em carvão mineral, que é um excelente combustível.
- **Petróleo:** o petróleo tem sua origem em pequenos animais marinhos, plâncton e vegetação típica de regiões que foram soterradas há milhões de anos. Pela ação de microrganismos, pressão, calor e tempo, essa matéria orgânica foi transformada em petróleo e gás natural.

ROBERTO CASTILLO/SHUTTERSTOCK

CURRAHEESHUTTER/SHUTTERSTOCK

Fracionamento do petróleo

O petróleo é submetido a processos mecânicos de purificação: por **decantação**, é separada a água salgada; por **filtração**, separa-se a matéria em suspensão (particularmente a areia e a argila) etc.

Para separar as principais frações do petróleo, usa-se o processo de **destilação fracionada**. A torre de destilação é uma coluna de aço inox cheia de obstáculos (bandejas) em seu interior e com saídas laterais.

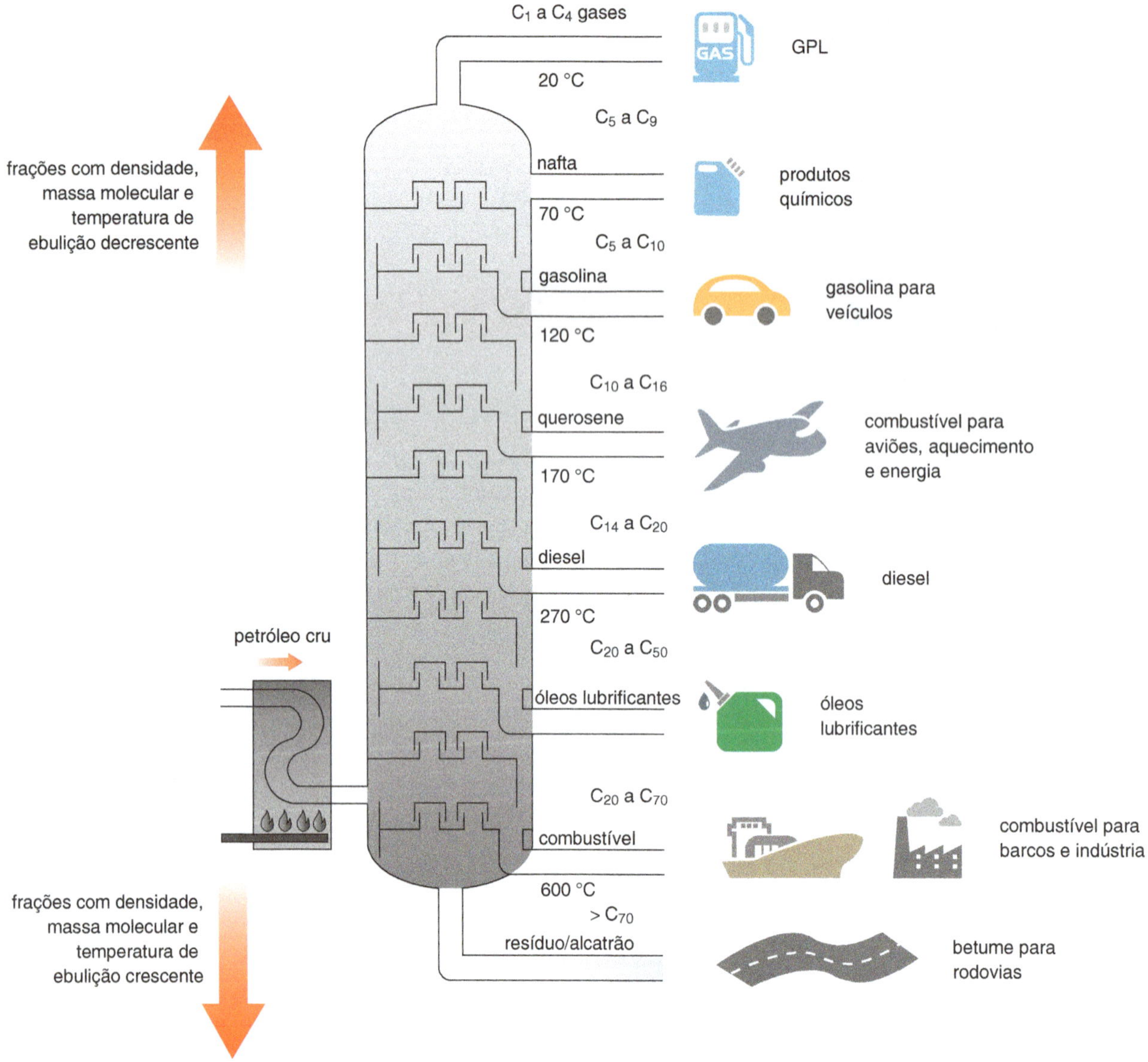

Esquema de torre de fracionamento de petróleo e principais frações obtidas.

- **Craqueamento (*cracking*) do petróleo:** quebra das moléculas maiores obtidas no fracionamento. Isto é feito com o aquecimento das frações mais pesadas, na presença de catalisadores, para obter hidrocarbonetos de cadeias menores.

TÓPICO 2 – Classificação de cadeias

Os compostos orgânicos recebem nomes oficiais que levam em consideração o número de carbonos (prefixo), os tipos de ligação entre eles (infixo) e a função a que pertencem as substâncias (sufixo).

- **Prefixos:**

1 C – met	2 C – et	3 C – prop	4 C – but	5 C – pent
6 C – hex	7 C – hept	8 C – oct	9 C – non	10 C – dec

- **Infixo:**

  simples: an   uma dupla: em   uma tripla: in   duas duplas: dien

- **Sufixo:**

  hidrocarboneto: o   álcool: ol   aldeído: al   cetona: ona   ácido carboxílico: oico

A ligação entre os átomos de carbono nos compostos orgânicos forma diferentes tipos de cadeia.

Cadeia aberta

- **Normal:** sequência de carbonos com duas extremidades.
- **Ramificada:** sequência de carbonos com mais de duas extremidades.
- **Saturada:** cadeias com somente ligações simples entre carbonos (alcanos).
- **Insaturada:** cadeias com ligações duplas (alquenos) ou triplas (alquinos) entre carbonos.

Cadeia fechada

- Sequência de carbonos formam um ciclo.

TÓPICO 3 – Grupos orgânicos

São grupos de átomos presentes em uma molécula orgânica que recebem nomes para facilitar a nomenclatura dos compostos orgânicos. O nome de um grupo orgânico é dado da seguinte forma: **prefixo + il** ou **prefixo + ila**.

Principais grupos orgânicos.

GRUPO	FÓRMULA
metil	$-CH_3$
etil	$-CH_2-CH_3$
propil	$-CH_2-CH_2-CH_3$
isopropil	$-CH-CH_3$ (com CH_3 ligado ao CH)
butil	$-CH_2-CH_2-CH_2-CH_3$
sec-butil	$CH_3-CH-CH_2-CH_3$ (ligação livre no CH)
isobutil	$-CH_2-CH-CH_3$ (com CH_3 ligado ao CH)
terc-butil	$H_3C-C-CH_3$ (com CH_3 ligado ao C e ligação livre no C)
etenil ou vinil	$H_2C=CH-$
benzil	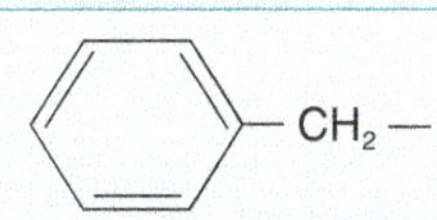
fenil	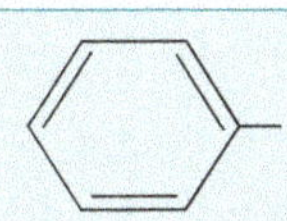

TÓPICO 4 – Funções orgânicas e nomenclatura

FUNÇÃO	REPRESENTAÇÃO	EXEMPLOS
álcool	R — OH	H_3C-OH metanol
fenol	Ar — OH	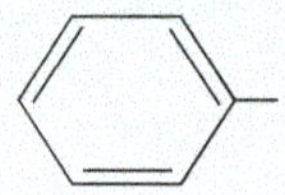 OH fenol comum
aldeído	$R-C(=O)-H$	$H_3C-CH_2-C(=O)-H$ propanal
cetona	$R-C(=O)-R'$	$H_3C-C(=O)-CH_3$ propanona (acetona)
ácido carboxílico	$R-C(=O)-OH$	$H_3C-C(=O)-OH$ ácido etanoico (ácido acético)
éster	$R-C(=O)-O-R'$	$H_3C-C(=Cl)-O-CH_3$ etanoato de metila
éter	R — O — R′	$H_3C-O-CH_3$ metóxi-metano
haleto orgânico	R — X ou Ar — X	H_3C-CH_2-Cl cloro-etano
cloreto de ácido	$R-C(=O)-Cl$	$H_3C-C(=O)-Cl$ cloreto de etanoíla
amina	$R-NH_2$; $R-NH-R'$; $R-N(R'')-R'$	H_3C-NH_2 metil-amina 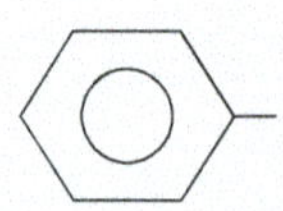 NH_2 fenil-amina (anilina)
amida	$R-C(=O)-N<$	$H_3C-C(=O)-NH_2$ etanamida
nitrila ou cianeto	R — CN	H_3C-CN cianeto de metila
nitrocomposto	$R-NO_2$ ou $Ar-NO_2$	H_3C-NO_2 nitro-metano 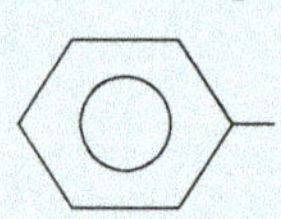 NO_2 nitro-benzeno

TÓPICO 5 – ISOMERIA

Isômeros são dois ou mais compostos diferentes, que apresentam igual fórmula molecular e diferentes fórmulas estruturais.

Tipos de isomeria:

- *isomeria plana* (ou *estrutural*)

Posição – a diferença entre os isômeros está na posição de um grupo, duplas ou triplas ligações ou grupos funcionai

$H_2C=CH-CH_2-CH_3$ (but-1-eno) — C_4H_8 — $H_3C-CH=CH-CH_3$ (but-2-eno)

Cadeia – a diferença entre os isômeros está na cadeia carbônica.

$H_3C-CH_2-CH_2-CH_3$ (cadeia normal; but-1-eno) — C_4H_{10} — $H_3C-CH(CH_3)-CH_3$ (cadeia ramificada; but-2-eno)

Função – a diferença entre os isômeros está na função orgânica.

$H_3C-C(=O)-CH_3$ (propanona (cetona)) — C_3H_6 — H_3C-CH_2-CHO (propanal)

Compensação ou metameria – a diferença entre os isômeros está na posição do hetero-átomo.

$H_3C-O-CH_2-CH_2-CH_3$ (1-metóxi-propano) — $C_4H_{10}O$ — $H_3C-CH_2-O-CH_2-CH_3$ (etóxi-etano)

Tautomeria

C_2H_4O: H_3C-CHO (etanal (aldeído)) $\rightleftarrows$ $H_2C=CH-OH$ (etenol (enol)) — equilíbrio aldo-enólico

C_3H_6O: $H_3C-C(=O)-CH_3$ (propanona (cetona)) $\rightleftarrows$ $H_2C=COH-CH_3$ (propenol (enol)) — equilíbrio ceto-enólico

- *isomeria espacial* (ou *estereoisomeria*)

Isomeria geométrica ou cis-trans – característica de compostos com dupla-ligação e de compostos cíclicos.

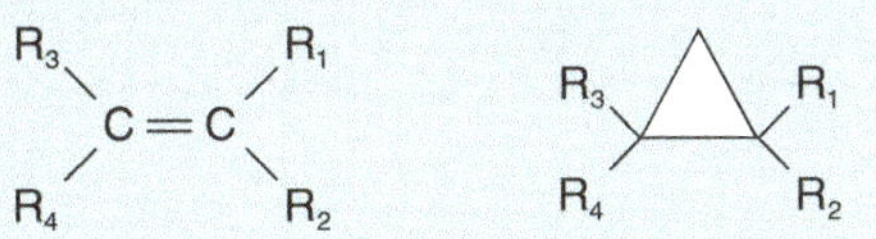

$\longrightarrow$ condição: $R_1 \neq R_2$ e $R_3 \neq R_4$

Isomeria óptica – aparece em compostos que apresentam carbono assimétrico (C*).

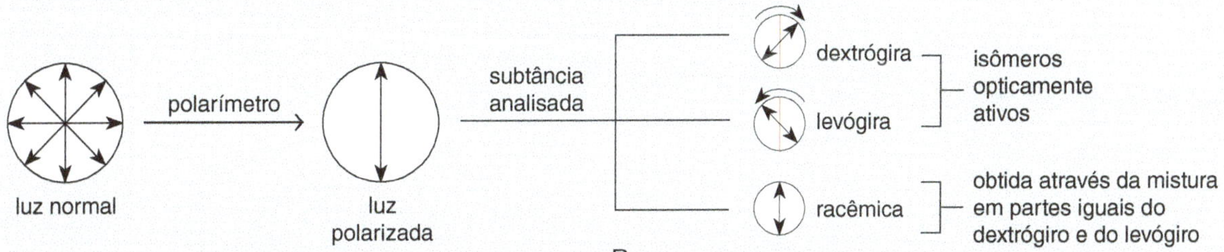

(C*) carbono assimétrico ou carbono quiral $\longrightarrow$ $R_3-C^{*}(R_2)(R_4)-R_1$ $\longrightarrow$ todos os grupos devem ser diferentes entre si

TÓPICO 6 – Caráter ácido e básico das moléculas orgânicas

- **Ácido:** ácido carboxílico, fenol, enol
- **Básico:** amina
- **Neutro:** as demais funções orgânicas

TÓPICO 7 – Reações orgânicas

- **Reação de adição:** ocorre em compostos insaturados, ciclanos de 3 e 4 carbonos, aldeídos e cetonas, pela quebra da insaturação e entrada de dois substituintes, um em cada átomo da dupla-ligação.

$$H_2C{=}CH_2 + A{-}B \longrightarrow \underset{\displaystyle A}{H_2C}-\underset{\displaystyle B}{CH_2}$$

  - **Regra de Markovnikov:** quando temos adição de HX/H_2O, o átomo de hidrogênio entrará no carbono mais hidrogenado da insaturação.

- **Reação de substituição:** ocorre em alcanos, cicloalcanos de 5 ou mais carbonos e compostos aromáticos (que possuem anel benzênico), pela substituição de um átomo de hidrogênio por um outro átomo ou grupo de átomos.
  - **Reatividade dos carbonos:** o hidrogênio substituído se encontrará preferencialmente no carbono mais reativo, sendo que o $C_{terciário}$ é mais reativo que o $C_{secundário}$, que é mais reativo que o $C_{primário}$.

$$-\overset{|}{\underset{|}{C}}-A + XY \longrightarrow -\overset{|}{\underset{|}{C}}-X + AY$$

- **Reação de eliminação:** ocorre em álcoois e ácidos carboxílicos pela saída de átomo ou átomos da molécula, criando um novo composto orgânico. Em álcoois pode ocorrer desidratação:
  - *intramolecular*

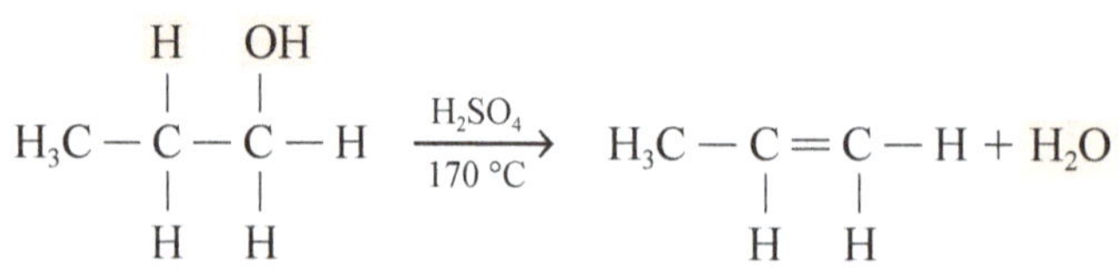

  - *intermolecular*

$$H_3C-CH_2-OH + HO-CH_2-CH_3 \xrightarrow[140\ °C]{H_2SO_4} H_3C-\overset{H_2}{C}-O-\overset{H_2}{C}-CH_3 + H_2O$$

- **Reação de esterificação/hidrólise ácida de éster:** a esterificação ocorre entre uma molécula de álcool e uma de ácido carboxílico, formando uma molécula de éster e uma de água. A hidrólise é a reação inversa.

ácido carboxílico + álcool ⟶ éster + água

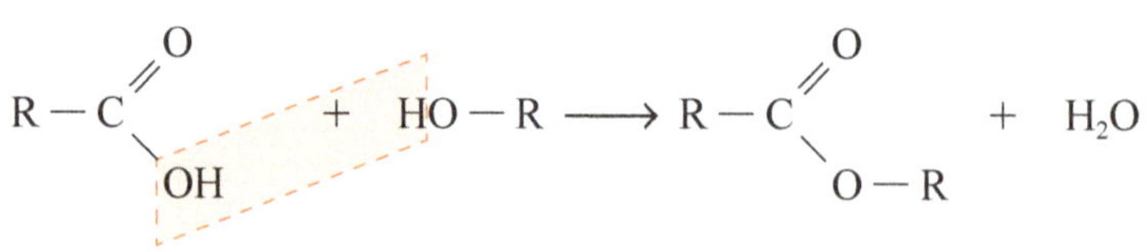

- **Reação de polimerização:** caracterizada pela ocorrência de reações, formando macromoléculas.
  - *polimerização de adição*

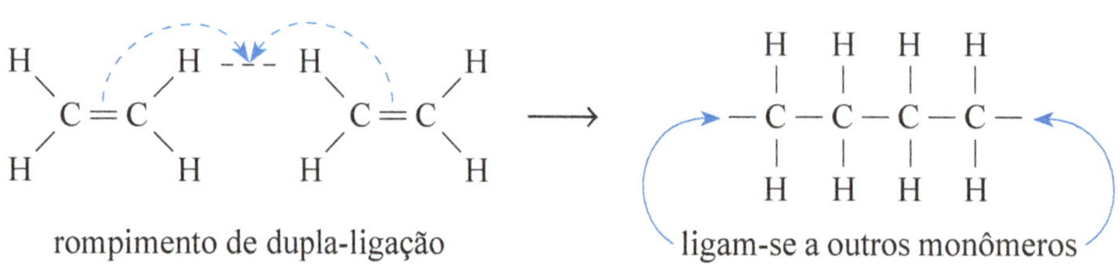

❖ *polimerização de condensação*

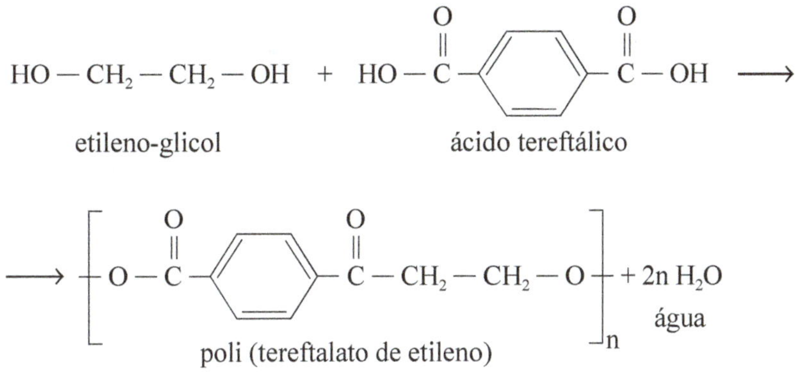

➡ Reação de oxidação de álcool:

$$\text{álcool primário} \underset{[H]}{\overset{[O]}{\rightleftarrows}} \text{aldeído} \underset{[H]}{\overset{[O]}{\rightleftarrows}} \text{ácido carboxílico}$$

$$\text{álcool secundário} \underset{[H]}{\overset{[O]}{\rightleftarrows}} \text{cetona}$$

➡ Reação de oxidação de hidrocarbonetos:

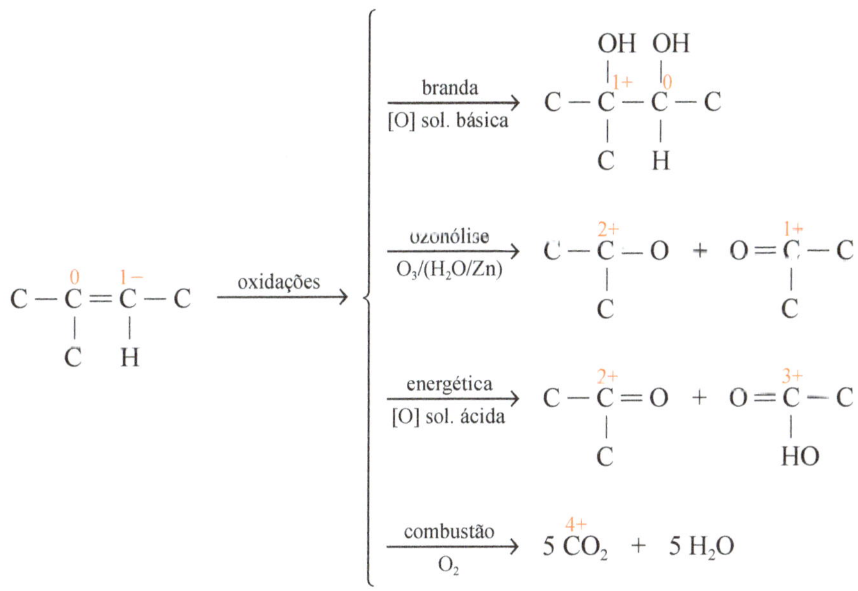

➡ Saponificação (hidrólise básica): reação entre uma molécula de óleo ou gordura e uma base, formando sabão (sal orgânico) e glicerol (álcool).

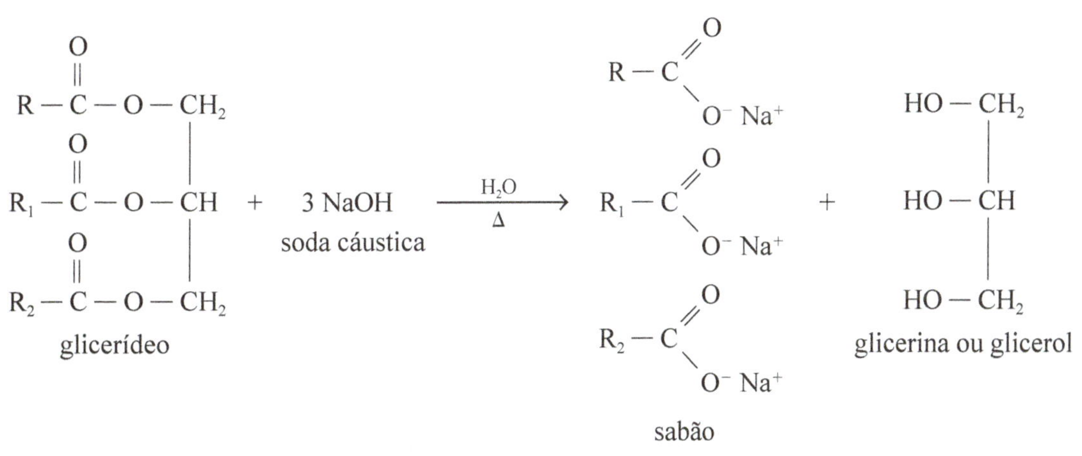

TÓPICO 8 – Bioquímica (biomoléculas)

- **Carboidratos (açúcares):** são poliálcool-aldeídos (aldoses) ou poliálcool-cetonas (cetoses), assim como todos os compostos que, por hidrólise, produzem esses compostos de função mista.

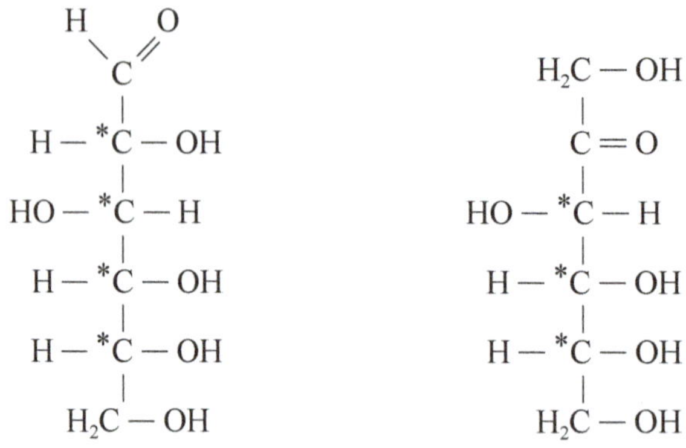

glicose ($C_6H_{12}O_6$) poliálcool-aldeído — aldose

frutose ($C_6H_{12}O_6$) poliálcool-cetona — cetose

- **Ácidos graxos:** são ácidos carboxílicos de cadeia longa, com 12 ou mais átomos de carbono.

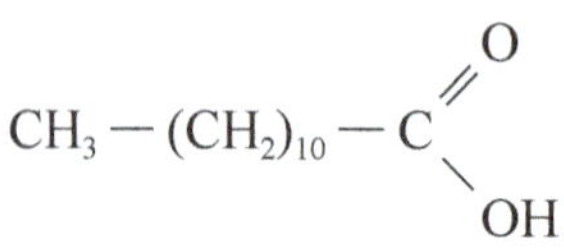

- **Óleos e gorduras:** triésteres de glicerol.

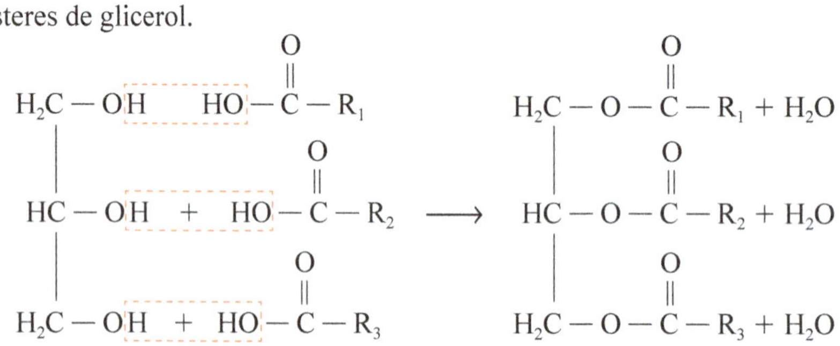

glicerol / glicerina / propano-1,2,3-triol — ácidos graxos — triéster do glicerol / óleo ou gordura

  - Quando predominam cadeias saturadas, tem-se uma gordura.
  - Quando predominam cadeias insaturadas, tem-se um óleo.

- **Aminoácidos:** são compostos que apresentam a função amina (— NH_2) e a função ácido carboxílico (— COOH).

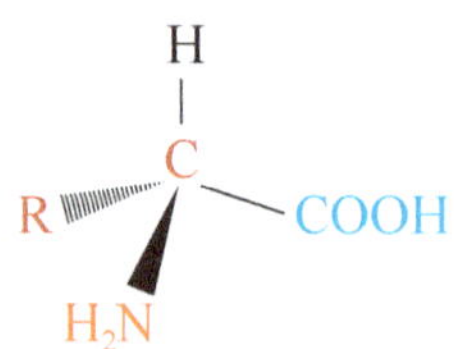

  - Quando os grupos amino e ácido carboxílico estiverem ligados ao mesmo átomo de carbono, temos α-aminoácidos, que podem reagir entre si, formando uma cadeia polimérica chamada de **proteína**, na qual os aminoácidos estão ligados por ligações peptídicas (destacadas em laranja).

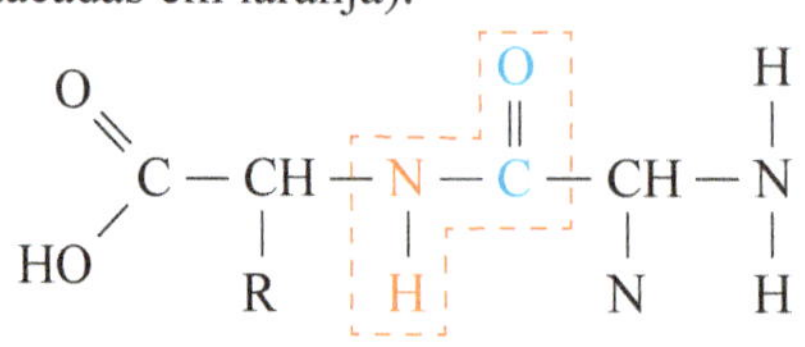

EXERCÍCIOS

1. **TÓPICO 1 – Craqueamento do petróleo.** (FUVEST) O craqueamento catalítico é um processo utilizado na indústria petroquímica para converter algumas frações do petróleo que são mais pesadas (isto é, constituídas por compostos de massa molar elevada) em frações mais leves, como a gasolina e o GLP, por exemplo. Nesse processo, algumas ligações químicas nas moléculas de grande massa molecular são rompidas, sendo geradas moléculas menores.

   A respeito desse processo, foram feitas as seguintes afirmações:

   I. O craqueamento é importante economicamente, pois converte frações mais pesadas de petróleo em compostos de grande demanda.
   II. O craqueamento libera grande quantidade de energia, proveniente da ruptura de ligações químicas nas moléculas de grande massa molecular.
   III. A presença de catalisador permite que as transformações químicas envolvidas no craqueamento ocorram mais rapidamente.

   Está correto o que se afirma em:

   a) I, apenas.
   b) II, apenas.
   c) I e III, apenas.
   d) II e III, apenas.
   e) I, II e III.

2. **TÓPICO 1 – Matriz energética.** (UNICAMP) A matriz energética brasileira tem se diversificado bastante nos últimos anos em razão do aumento da demanda de energia, da grande extensão do território brasileiro e das exigências ambientais. Considerando-se as diferentes fontes para obtenção de energia, pode-se afirmar que é vantajoso utilizar:

   a) carvão mineral, pois é um recurso natural renovável.
   b) energia hidrelétrica, pois é uma energia limpa e sua geração não causa dano ambiental.
   c) resíduos orgânicos, pois o processo aproveita matéria disponível e sem destino apropriado.
   d) energia nuclear, pois ela usa uma fonte renovável e não gera resíduo químico.

3. **TÓPICO 2 – Ligação química em compostos orgânicos.** (FUVEST) Em cadeias carbônicas, dois átomos de carbono podem formar ligação simples ($C - C$), dupla ($C = C$) ou tripla ($C \equiv C$). Considere que, para uma ligação simples, a distância média de ligação entre os dois átomos de carbono é de 0,154 nm, e a energia média de ligação é de 348 kJ/mol. Assim sendo, a distância média de ligação (d) e a energia média de ligação (E), associadas à ligação dupla ($C = C$), devem ser, respectivamente:

   a) $d < 0{,}154$ nm e $E > 348$ kJ/mol
   b) $d < 0{,}154$ nm e $E < 348$ kJ/mol
   c) $d = 0{,}154$ nm e $E = 348$ kJ/mol
   d) $d > 0{,}154$ nm e $E < 348$ kJ/mol
   e) $d > 0{,}154$ nm e $E > 348$ kJ/mol

4. **TÓPICOS 2 e 3 – Propriedades dos compostos orgânicos.** (FUVEST) A tabela a seguir contém dados sobre alguns ácidos carboxílicos.

NOME	FÓRMULA	PONTO DE EBULIÇÃO A 1 atm (°C)	DENSIDADE A 20 °C (g/mL)
ácido etanoico	H_3CCO_2H	118	1,04
ácido n-butanoico	$H_3C(CH_2)_2CO_2H$	164	0,96
ácido n-pentanoico	$H_3C(CH_2)_3CO_2H$	186	0,94
ácido n-hexanoico	$H_3C(CH_2)_4CO_2H$	205	0,93

   Assinale a alternativa que apresenta uma afirmação coerente com as informações fornecidas na tabela.

   a) A 20 °C, 1 mL de ácido etanoico tem massa maior do que 1 mL de ácido n-pentanoico.
   b) O ácido propanoico ($H_3CCH_2CO_2H$) deve ter ponto de ebulição (a 1atm) acima de 200 °C.
   c) O acréscimo de um grupo $— CH_2 —$ à cadeia carbônica provoca o aumento da densidade dos ácidos carboxílicos.
   d) O aumento da massa molar dos ácidos carboxílicos facilita a passagem de suas moléculas do estado líquido para o gasoso.
   e) O ácido n-butanoico deve ter pressão de vapor menor que o ácido n-hexanoico, a uma mesma temperatura.

5. **TÓPICOS 2 e 3 – Propriedades dos compostos orgânicos.** (FUVEST) Considere os seguintes compostos isoméricos: $CH_3CH_2CH_2CH_2OH$ (butanol) e $CH_3CH_2OCH_2CH_3$ (éter dietílico). Certas propriedades de cada uma dessas substâncias dependem das interações entre as moléculas que a compõem (como, por exemplo, as ligações de hidrogênio).

   Assim, pode-se concluir que:

a) a uma mesma pressão, o éter dietílico sólido funde a uma temperatura mais alta do que o butanol sólido.
b) a uma mesma temperatura, a viscosidade do éter dietílico líquido é maior do que a do butanol líquido.
c) a uma mesma pressão, o butanol líquido entra em ebulição a uma temperatura mais alta do que o éter dietílico líquido.
d) a uma mesma pressão, massas iguais de butanol e éter dietílico liberam, na combustão, a mesma quantidade de calor.
e) nas mesmas condições, o processo de evaporação do butanol líquido é mais rápido do que o do éter dietílico líquido.

6. TÓPICO 3 – Compostos orgânicos. (FUVEST) Estudos recentes parecem indicar que o formato do olho humano e a visão são influenciados pela quantidade da substância X, sintetizada pelo organismo. A produção dessa substância é favorecida pela luz solar, e crianças que fazem poucas atividades ao ar livre tendem a desenvolver dificuldade para enxergar objetos distantes. Essa disfunção ocular é comumente chamada de miopia.

Considere a fórmula estrutural da substância X e os diferentes formatos de olho:

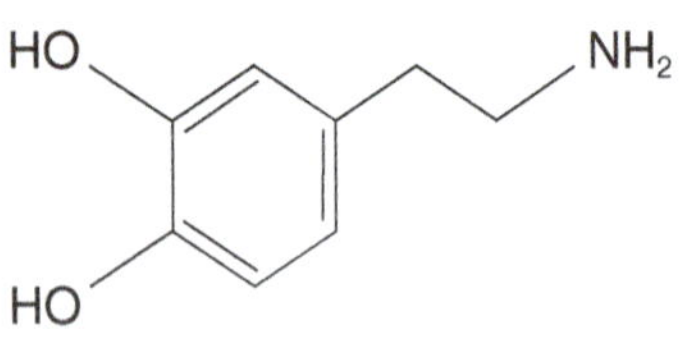

X

I II III

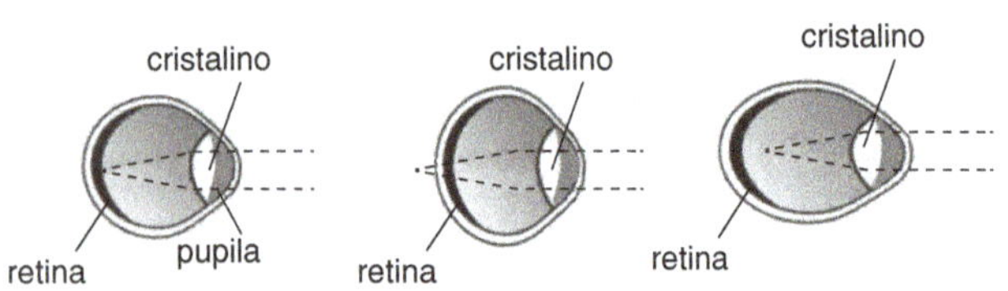

Observação: as linhas tracejadas representam o feixe de luz incidente no olho.

Com base nessas informações, conclui-se que a miopia poderá atingir crianças cujo organismo venha a produzir__________ X em quantidade insuficiente, levando à formação de olho do tipo _________.

As lacunas da frase acima devem ser preenchidas, respectivamente, por:

a) o aminoácido; III.
b) a amina; II.
c) o aminoácido; I.
d) o fenol; I.
e) a amina; III.

7. TÓPICO 5 – Isomeria. (FUVEST) As fórmulas estruturais de alguns componentes de óleos essenciais, responsáveis pelo aroma de certas ervas e flores, são:

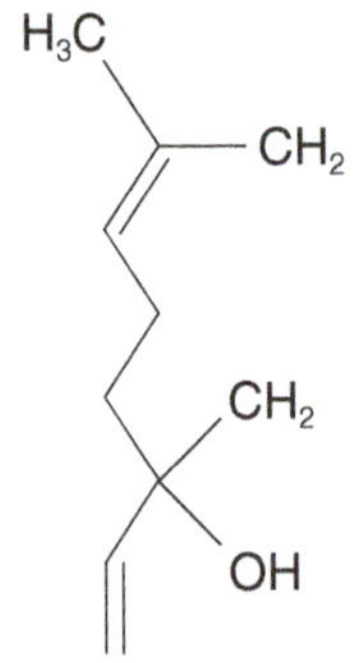

linalol

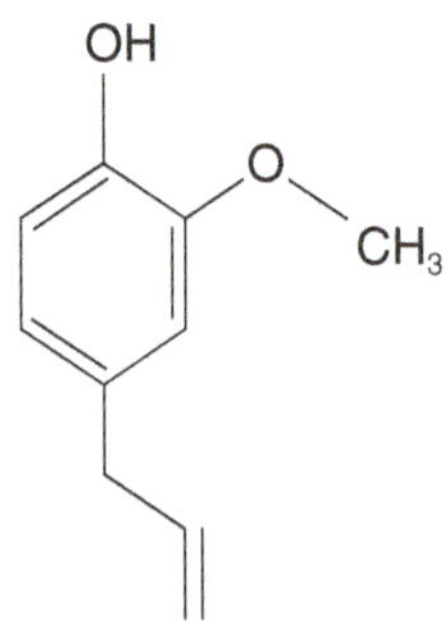

eugenol

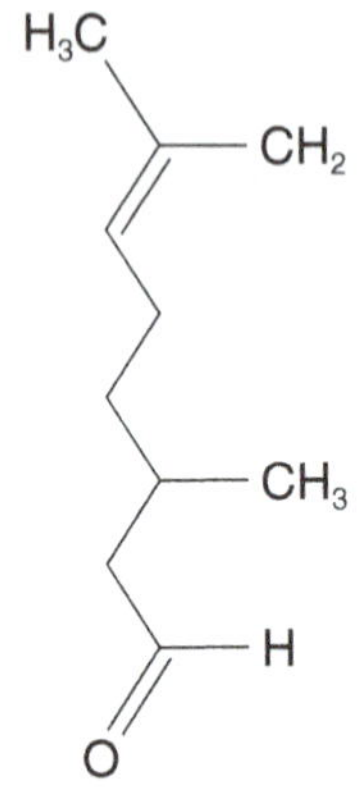

citronelal

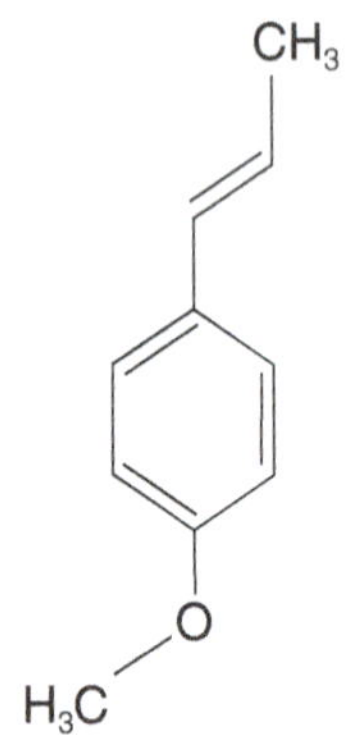

anetol

Dentre esses compostos, são isômeros:

a) anetol e linalol.
b) eugenol e linalol.
c) citronelal e eugenol.
d) linalol e citronelal.
e) eugenol e anetol.

8. TÓPICOS 2, 3 e 5 – Propriedades orgânicas e fórmula estrutural. (UNESP) A β-ionona é uma substância química de vasta aplicação na perfumaria, em produtos cuja fórmula requer aroma floral.

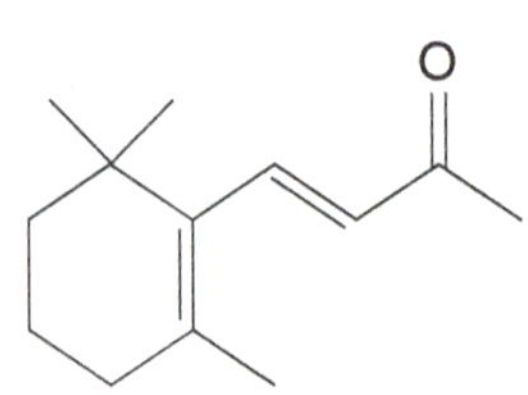

β-ionona

A substância química β-ionona:

a) apresenta, em soluções aquosas, atividade óptica.
b) reage com água, formando dióis vicinais.
c) contém três grupos metila, ligados a átomos de carbono idênticos.
d) contém duplas-ligações conjugadas.
e) possui grupos funcionais com propriedades oxidantes.

9. TÓPICO 7 – Polímeros e solubilidade. (FUVEST) Um funcionário de uma empresa ficou encarregado de remover resíduos de diferentes polímeros que estavam aderidos a diversas peças. Após alguma investigação, o funcionário classificou as peças em três grupos, conforme o polímero aderido a cada uma. As fórmulas estruturais de cada um desses polímeros são as seguintes:

POLÍMERO I

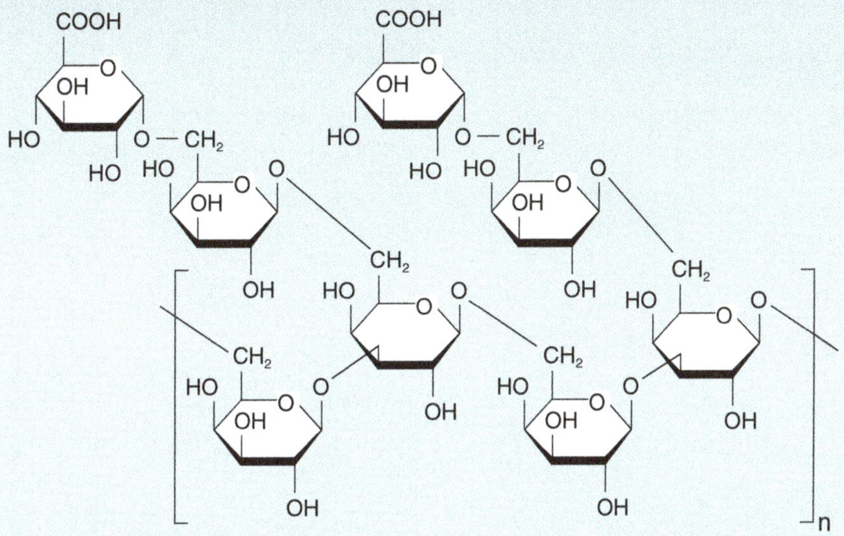

POLÍMERO II

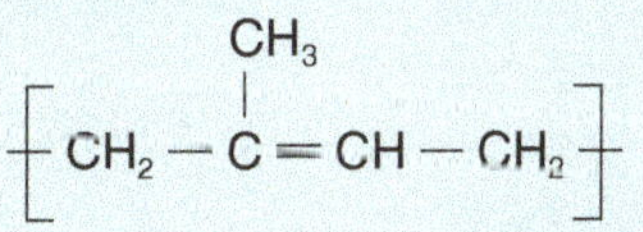

POLÍMERO III

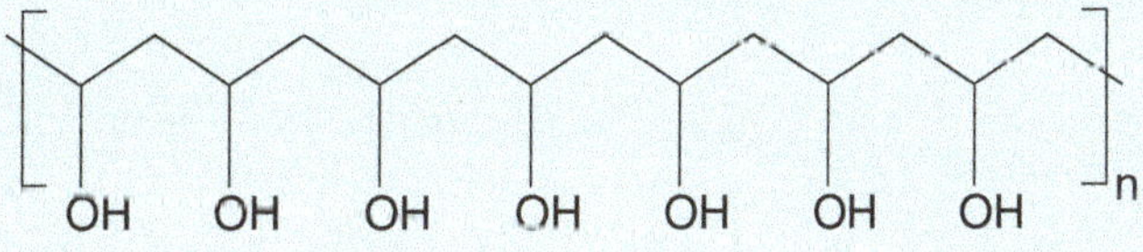

Para remover os resíduos de polímero das peças, o funcionário dispunha de apenas dois solventes: água e n-hexano. O funcionário analisou as fórmulas estruturais dos três polímeros e procurou fazer a correspondência entre cada polímero e o solvente mais adequado para solubilizá-lo. A alternativa que representa corretamente essa correspondência para os polímeros I, II e III, respectivamente, é:

a) água, n-hexano e água.
b) n-hexano, água e n-hexano.
c) n-hexano, água e água.
d) água, água e n-hexano.
e) água, n-hexano e n-hexano.

10. TÓPICO 7 – Reações orgânicas – produção de biodiesel. (UNICAMP) Recentemente encontrou-se um verdadeiro "fatberg", um *iceberg* de gordura com cerca de 15 toneladas, nas tubulações de esgoto de uma região de Londres. Esse "fatberg", resultado de descarte inadequado de gorduras e óleo usados em frituras, poderia ser reaproveitado na produção de:

a) sabão, por hidrólise em meio salino.
b) sabão, por transesterificação em meio salino.
c) biodiesel, por transesterificação em meio básico.
d) biodiesel, por hidrólise em meio básico.

11. TÓPICO 7 – Reações orgânicas. (FUVEST) O ácido gama-hidroxibutírico é utilizado no tratamento do alcoolismo. Esse ácido pode ser obtido a partir da gamabutirolactona, conforme a representação a seguir:

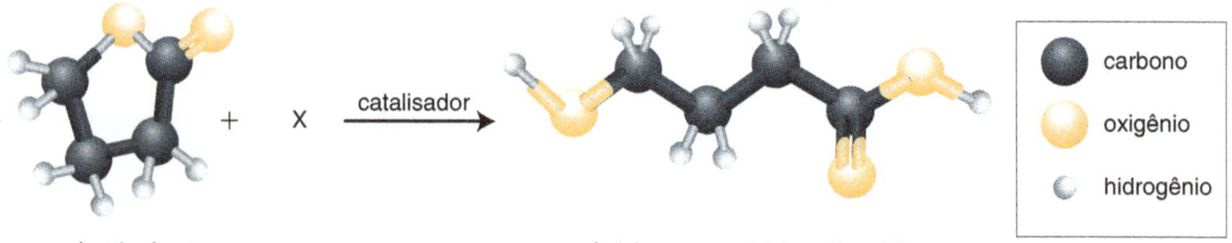

gamabutirolactona — ácido gama-hidroxibutírico

Assinale a alternativa que identifica corretamente X (de modo que a representação respeite a conservação da matéria) e o tipo de transformação que ocorre quando a gamabutirolactona é convertida no ácido gama-hidroxibutírico.

	X	TIPO DE TRANSFORMAÇÃO
a)	CH_3OH	esterificação
b)	H_2	hidrogenação
c)	H_2O	hidrólise
d)	luz	somerização
e)	calor	decomposição

---

12. TÓPICOS 2, 3, 5 e 7 – Grupos funcionais, reações orgânicas e estrutura. (UNESP) Em época de aumento de incidência de dengue, é comum o uso de extratos vegetais para repelir o mosquito responsável pela propagação da doença. Um dos extratos mais usados é o óleo de citronela. A substância responsável pela ação repelente do óleo de citronela é conhecida como citronelal, cuja fórmula estrutural é fornecida a seguir.

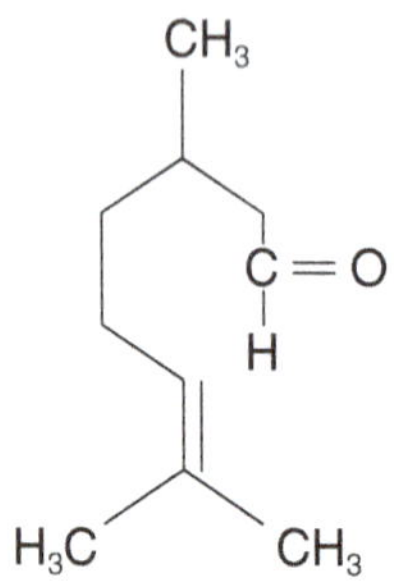

citronelal

Com relação ao citronelal, é correto afirmar que:

a) apresenta isomeria óptica.
b) tem fórmula molecular $C_{10}H_{20}O$.
c) apresenta duplas-ligações conjugadas.
d) não sofre reação de hidrogenação.
e) apresenta a função cetona.

13. TÓPICOS 2, 3, 5 e 7 – Grupos funcionais, reações orgânicas e estrutura. (UNESP) Segundo a Organização Mundial da Saúde (OMS), atualmente cerca de 5% da população mundial sofre de depressão. Uma das substâncias envolvidas nesses distúrbios é o neurotransmissor serotonina, produzido no metabolismo humano a partir do triptofano. O processo metabólico responsável pela formação de serotonina envolve a reação química global representada pela equação não balanceada fornecida a seguir.

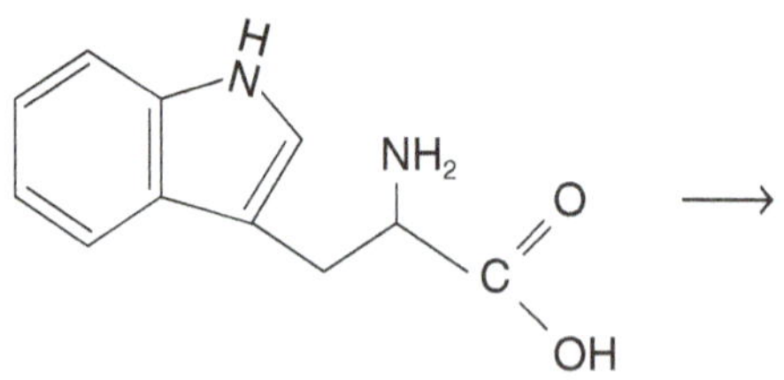

triptofano

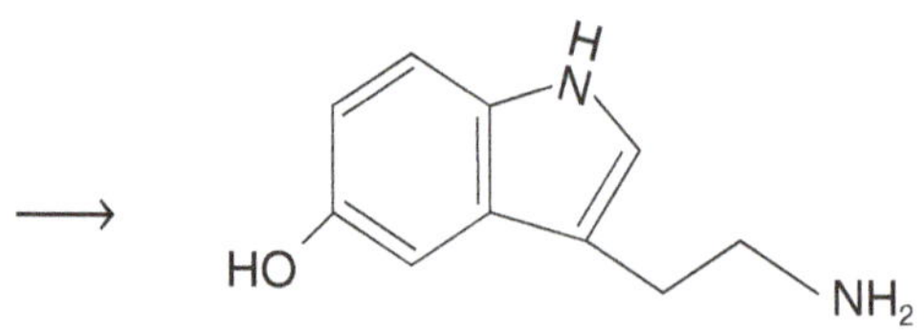

serotonina

A reação de conversão de triptofano em serotonina ocorre em duas etapas metabólicas distintas.

Com relação a essas duas substâncias e ao processo metabólico em que elas estão envolvidas, é correto afirmar que:

a) uma das etapas da conversão do triptofano em serotonina envolve a eliminação de um grupo amina.
b) a serotonina apresenta função álcool.
c) uma das etapas da conversão do triptofano em serotonina envolve a eliminação de um grupo carboxílico.
d) por apresentarem ligações C = C em suas estruturas, as duas substâncias formam isômeros geométricos.
e) apenas a serotonina apresenta anel aromático.

14. TÓPICOS 2 e 7 – Propriedades dos compostos orgânicos. (FUVEST) O rótulo de uma lata de desodorante em aerossol apresenta, entre outras, as seguintes informações: "Propelente: gás butano. Mantenha longe do fogo". A principal razão dessa advertência é:

a) O aumento da temperatura faz aumentar a pressão do gás no interior da lata, o que pode causar uma explosão.
b) A lata é feita de alumínio, que, pelo aquecimento, pode reagir com o oxigênio do ar.
c) O aquecimento provoca o aumento do volume da lata, com a consequente condensação do gás em seu interior.
d) O aumento da temperatura provoca a polimerização do gás butano, inutilizando o produto.
e) A lata pode se derreter e reagir com as substâncias contidas em seu interior, inutilizando o produto.

15. TÓPICOS 2, 3, 5 e 7 – Grupos funcionais, reações orgânicas e estrutura. (UNESP) Observe a estrutura do corticoide betametasona.

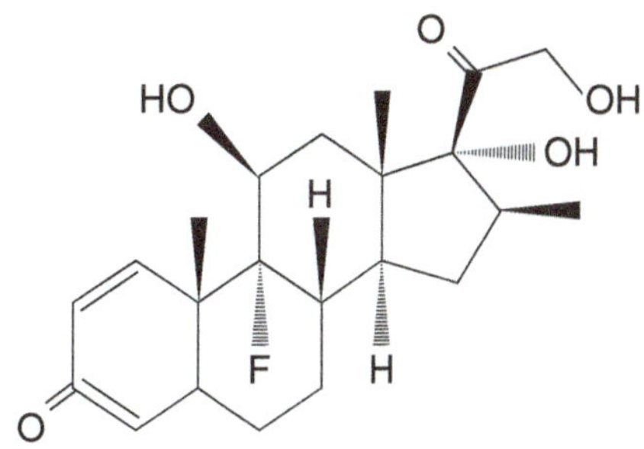

betametasona

Com relação à estrutura representada, pode-se afirmar que:

a) o composto apresenta seis carbonos assimétricos.
b) o composto apresenta três grupos funcionais de cetona.
c) o composto apresenta dois grupos funcionais de álcool.
d) o composto apresenta seis átomos de carbono com hibridização do tipo sp^2.
e) o composto sofre reação de eliminação, pois apresenta duplas-ligações.

---

16. TÓPICOS 5, 7 e 8 – Composto orgânico. (FUVEST) No processo tradicional, o etanol é produzido a partir do caldo da cana-de-açúcar por fermentação promovida por leveduras naturais, e o bagaço de cana é desprezado. Atualmente, leveduras geneticamente modificadas podem ser utilizadas em novos processos de fermentação para a produção de biocombustíveis. Por exemplo, no processo A, o bagaço de cana, após hidrólise da celulose e da hemicelulose, também pode ser transformado em etanol. No processo B, o caldo de cana, rico em sacarose, é transformado em farneseno que, após hidrogenação das ligações duplas, se transforma no "diesel de cana". Esses três processos de produção de biocombustíveis podem ser representados por:

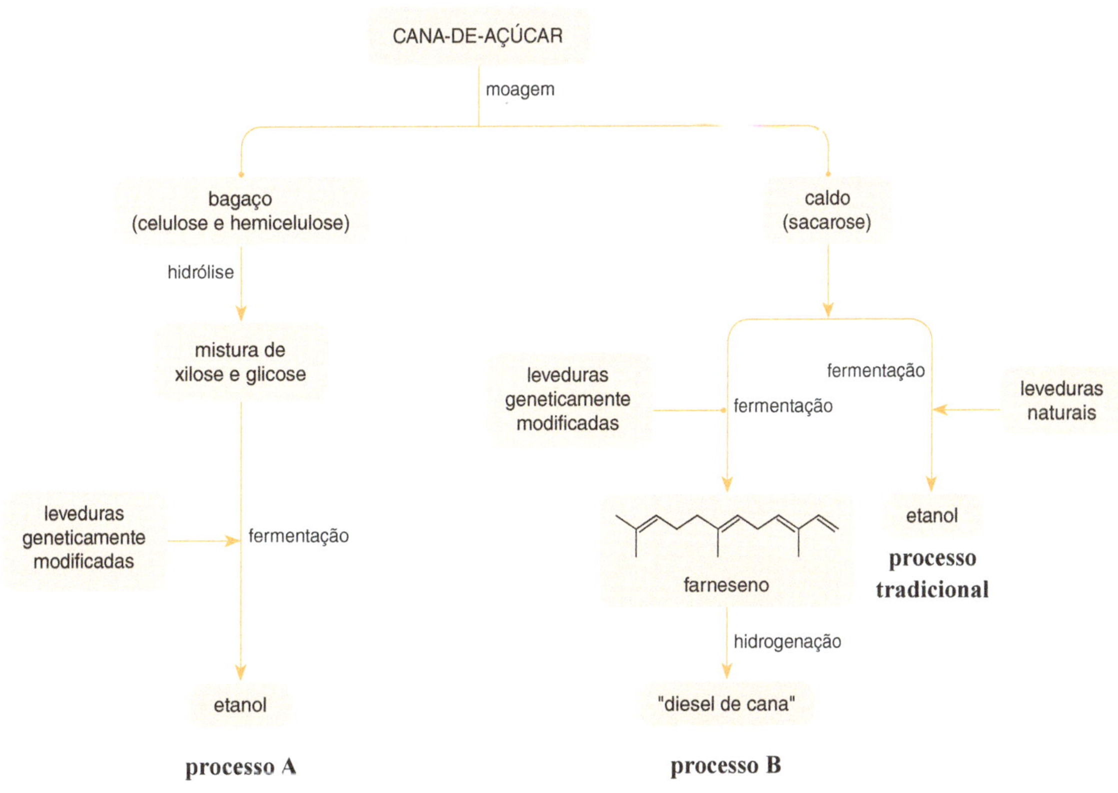

Com base no descrito na página anterior, é correto afirmar:

a) No processo A, a sacarose é transformada em celulose por microrganismos transgênicos.
b) O processo A, usado em conjunto com o processo tradicional, permite maior produção de etanol por hectare cultivado.
c) O produto da hidrogenação do farneseno não deveria ser chamado de "diesel", pois não é um hidrocarboneto.
d) A combustão do etanol produzido por microrganismos transgênicos não é poluente, pois não produz dióxido de carbono.
e) O processo B é vantajoso em relação ao processo A, pois a sacarose é matéria-prima com menor valor econômico do que o bagaço de cana.

17. **TÓPICOS 2, 3 e 7 – Sabão, detergente e polaridade.** (UNICAMP) Uma prática de limpeza comum na cozinha consiste na remoção da gordura de panelas e utensílios como garfos, facas etc. Na ação desengordurante, geralmente se usa um detergente ou um sabão. Esse tipo de limpeza resulta da ação química desses produtos, dado que suas moléculas possuem:

a) uma parte com carga, que se liga à gordura, cujas moléculas são polares; e uma parte apolar, que se liga à água, cuja molécula é apolar.
b) uma parte apolar, que se liga à gordura, cujas moléculas são apolares; e uma parte com carga, que se liga à água, cuja molécula é polar.
c) uma parte apolar, que se liga à gordura, cujas moléculas são polares; e uma parte com carga, que se liga à água, cuja molécula é apolar.
d) uma parte com carga, que se liga à gordura, cujas moléculas são apolares; e uma parte apolar, que se liga à água, cuja molécula é polar.

Gabarito

QUÍMICA GERAL

1. c
2. d
3. c
4. e
5. a
6. a
7. e
8. a
9. d
10. b
11. a
12. b
13. d
14. b
15. c
16. a
17. d
18. c
19. c

FISICO-QUÍMICA

1. c
2. a
3. d
4. e
5. b
6. d
7. d
8. a
9. b
10. b
11. b
12. d
13. c
14. c
15. e
16. e
17. e
18. b
19. d
20. b
21. c
22. c
23. d
24. b
25. d
26. e
27. c

QUÍMICA ORGÂNICA

1. c
2. a
3. a
4. a
5. c
6. e
7. d
8. d
9. a
10. b
11. c
12. a
13. c
14. a
15. d
16. b
17. b